电商产品经理宝典

电商后台系统产品逻辑全解析

刘志远 著

电子工业出版社

Publishing House of Electronics Industry

北京·BEIJING

内 容 简 介

时至今日，对于产品经理的要求趋向业务型、平台型，甚至产生了细分领域专家。纯粹的前端产品经理（页面、交互）逐渐失去竞争力。而当后台产品经理的视野开始从功能延伸到模块，再延伸到子系统，最后关注整体系统时，就有了把控平台型产品的能力。

本书围绕"电商后台产品"，从电商的整体产品架构入手，逐步剖析各支撑子系统。通过学习电商产品后台的架构和逻辑，可以让读者从庞大的后台产品体系中，慢慢学会从整体去思考系统定位，判断功能的优先级，或者从系统层面去思考功能的价值，从而成长为优秀的电商产品经理。

建议各行业的产品经理们，以及电商行业的程序员、运营人员，都应该了解研究电商后台。如今大部分的产品都逃脱不了商业化，也就会和电商后台系统或多或少有些重叠。电商后台的体系成熟、完整、庞大，有很强的借鉴意义。

图书在版编目（CIP）数据

电商产品经理宝典：电商后台系统产品逻辑全解析 / 刘志远著. — 北京：电子工业出版社，2017.10
ISBN 978-7-121-32579-3

Ⅰ. ①电… Ⅱ. ①刘… Ⅲ. ①电子商务—企业管理—产品管理 Ⅳ. ①F713.36

中国版本图书馆CIP数据核字（2017）第209720号

责任编辑：林瑞和
印　　刷：北京捷迅佳彩印刷有限公司
装　　订：北京捷迅佳彩印刷有限公司
出版发行：电子工业出版社
　　　　　北京市海淀区万寿路173信箱　　　　　　邮编：100036
开　　本：720×1000　1/16　　印张：13　　字数：206千字
版　　次：2017年10月第1版
印　　次：2025年5月第23次印刷
定　　价：49.00元

凡所购买电子工业出版社图书有缺损问题，请向购买书店调换。若书店售缺，请与本社发行部联系，联系及邮购电话：（010）88254888，88258888。

质量投诉请发邮件至zlts@phei.com.cn，盗版侵权举报请发邮件至dbqq@phei.com.cn。
本书咨询联系方式：010-51260888-819，faq@phei.com.cn。

☑ 前言

随着智能手机的普及，互联网以汹涌之势融入我们的生活，上到花甲古稀的老人，下到总角之年的小朋友，都或多或少用过一些应用，对一些产品有各种见解，越来越多人开始讨论产品。对产品经理来说这是最好的时代。

但是产品同质化越来越严重，用户体验却难以量化，马太效应在互联网行业如同魔咒，流量被巨头掌握，中小企业难以突破流量黑洞。对产品经理来说这同时也是最坏的时代。

大部分用户根本感知不到后台产品的存在，会觉得后台产品颇为神秘。业内人一般认为做后台产品很难，因为产品的逻辑复杂。在大家天马行空的畅想之后，后台产品经理会想着怎么落地，后台系统能不能支撑？什么样的产品方案可以满足需求？

时至今日，对于产品经理的要求趋向业务型、平台型，甚至产生了细分领域专家。纯粹的前端产品经理（页面、交互）逐渐失去竞争力。而当后台产品经理的视野开始从功能延伸到模块，再延伸到子系统，最后关注整体系统时，就有了把控平台型产品的能力。

任何一个小功能在深入思考之后就是无底洞，需要对其取舍和衡量。可能因为我是一个工科生，喜欢做后台产品，喜欢沉浸于逻辑自洽的乐趣中。我遇到生活中的许多场景都会不由自主地去想优化方案。

当我开始做电商后台产品时，想找些资料来系统化学习，却发现市场上关于产品的书籍，要么是产品方法论，要么是电商运营，基本没有产品后台相关的系统化书籍。电商行业发展这么多年，相关 ERP 软件也很成熟，很纳闷为什么没有后台产品的系统化资料？当时就想着自己以后要总结一些经验。

按照我的计划，以《电商后台是怎么回事儿》开头，逐步将商品、订单、促销等十几个子系统逐个一点点剖析，写出一个系列。后来，我开始在公众号"碎碎恋产品"上发表一些关于电商后台产品的文章，结识了一些同行业的产品朋友，他们认同我所写的产品内容，觉得是"干货"，鼓励我继续分享。后来出版社的编辑老师联系到我，第一次意识到分享这件事可以这么酷，遂决定做出这本书。

本书的核心在于"电商后台产品"。

第 1 章简要地介绍了产品经理的工作职责、常见的电商模式，第 2 章介绍后台产品的作用、架构以及做后台产品的注意点。

第 3 章到第 10 章，将电商后台产品的子系统进行细分讲解，主要包括商品中心、促销系统、内容管理（CMS 系统）、库存管理、物流管理、采购管理、仓库管理系统、订单管理等主要系统。

第 11 章总结了电商后台产品的其他子系统，重点讲解了会员系统、调度中心、支付系统、权限系统。

第 12 章重点叙述了跨境电商产品的不同点，包括跨境电商的几种模式、订单流程及清关备案流程。

本书以电商后台产品为例，介绍了在后台产品设计时的体系化思维。虽然无法面面俱到，但从庞大的后台产品体系中，我们可以慢慢学会从整体去思考系统定位，判断功能的优先级，或者从系统层面去思考功能的价值。

建议各行业的产品经理们，以及电商行业的程序员、运营人员，都应该了解研究电商后台。电商后台的体系成熟、完整、庞大，有很强的借鉴意义，并且大部分产品都逃脱不了商业化，也就会和电商后台系统或多或少有些重叠。

希望本书能够带给大家些许帮助。

感谢公众号"碎碎恋产品"的粉丝们，是你们给了我写作的原始动力。感谢电子工业出版社的林瑞和老师在写作上给予的帮助。

最后将我最喜欢的一句话送给在产品经理成长路上前行的读者们：

为者常成，行者常至。

售后服务

轻松注册成为博文视点社区用户（www.broadview.com.cn），扫码直达本书页面。

- **提交勘误**：您对书中内容的修改意见可在 提交勘误 处提交，若被采纳，将获赠博文视点社区积分（在您购买电子书时，积分可用来抵扣相应金额）。

- **交流互动**：在页面下方 读者评论 处留下您的疑问或观点，与我们和其他读者一同学习交流。

页面入口：*http://www.broadview.com.cn/32579*

伟大的事物不是一时冲动做起来的，而是由一系列小事共同造就的。

——梵高

目 录
Contents

第 1 章

产品经理概述

在不同管理架构的公司、不同类型的团队中，或者开发不同类型的产品，产品经理角色的差异是非常明显的。例如：有些产品经理负责与用户沟通、进行需求调研，有些负责交互设计和产品原型设计，有些产品经理从数据中挖掘需求，有些产品经理参与从需求调研、开发、上线推广到迭代的全过程。

产品经理是对产品负根本责任的管理者，负责协调、整合和管理各种人力、物力等资源，将产品方案转化成实际产品上线。优秀的产品经理应该是心理学家和管理者的综合体，具有"同理心"，理解用户、开发、运营等产品相关人员，帮助团队明白正在开发的内容，理解用户的需求；让团队明白他们的目标客户，想通过产品解决用户的哪些痛点；善于管理团队，确保团队能够高效完成项目。

产品经理的成长就如同游戏通关升级的过程，初期负责写需求文档，做一个模块功能；逐步开始负责一个产品，比如一个 APP 或一个系统，涉及产品的所有需求都需要关注，还要协调相关的产品配合；等到成为产品线负责人，就需要关心整个产品线，从公司业务的角度思考产品战略、管理产品团队、协调各部门资源来配合产品战略。

1.1 产品经理的工作职责

【产品经理的日常工作】

日常工作中，产品经理的事情多而杂，但总结起来，工作主要分为以下几个方面。

（1）了解产品的用户和市场。

产品经理的立足点是产品，而产品的来源又是需求。产品经理需要通过市场调研、与目标用户沟通、竞品分析等多种方式来深入了解用户需求。需求有多种来源：比如用户的"吐槽"，运营部门、业务部门或者公司领导的产品目标。

作为产品经理，要在理解业务的基础上，按照产品战略规划来筛选、挖掘需求。

世上没有无来由的爱，也没有无来由的恨。产品经理要分析需求背后的深层原因及用户心理，在符合产品定位和战略的情况下，过滤掉不符合产品定位以及性价比较低的需求。

用户提出来的需求只能称作用户需求，还不能算产品需求。例如，用户向你描述的是"需要一匹更快的马"，实际他真实的想法是"需要一辆汽车"。产品经理要学会转化"用户需求"为"产品需求"。

除非是公益性产品，否则产品需求一定要符合业务驱动因素。产品经理要了解产品的用户和市场，解决用户的核心需求，推动业务的发展。

（2）设计产品方案，在公司内部讨论、评审，确认需求优先级，确定产品方案以解决用户需求。

设计产品方案（PRD 文档）是产品经理的基本工作。在进行产品规划和设计时，应考虑业务驱动、需求重要性和开发资源等因素以确定需求的优先级。产品经理要协调可用的资源进行产品评审，敲定可用的产品方案。这个过程对于产品经理最具挑战性，要阐述清楚自己的方案，讲解用户的需求，需要在坚持与妥协中前进。

产品经理应该是个理想的现实主义者，要用有限资源去完成最大价值的需求，最终目标是推动产品需求的落地。基于对开发成本的把握，对于每个阶段每个版本能完成哪些需求都要了然于胸。

（3）跟进项目开发进度，确保按时上线。

在产品评审通过之后，产品经理应确保开发进度。除了争取相应的开发资源之外，还有一件事情对于产品经理的职业要求最高，就是"需求变更"。这也是开发过程中最应慎重、最易被坑的地方。一旦需求评审通过就不要轻易变更。产品经理应尽量提供精简而有效的文档，对于某些关键点，则需要私下给对应的开发细化讲解。

万不得已发生了需求变更，产品经理要及时给相应人员同步变化，避免信息不同步带来的多余工作。在项目开发的过程中，产品经理要同步跟进，用心测试，发现问题要及时沟通，确保项目按时上线。

（4）上线后跟进用户反馈，优化迭代。

产品应建立一套发现问题、解决问题的用户反馈机制。尽管我们会尽量确保产品需求和用户需求一致，但是总会出现一定偏差。产品上线之后，我们需要收集用户反馈，来源包括各大应用商店的评论、贴吧"吐槽"、与深度用户的直接交流、产品端的反馈等，确保能够及时解决问题和修改错误。

在收集用户反馈的过程中，我们也能发现一些新的用户需求，再加上市场反馈来确定产品的迭代目标，快速反应，优化迭代。

【产品经理的必要品质】

作为产品经理，应该将自己看作产品的负责人，对自己所属的产品模块、产品甚至产品线负责任。

想成为优秀的产品经理，应当有一些必要的能力。

1. 了解不同人的想法

产品经理必须深入到各种人群中，包括用户、市场人员、工程师、设计师等。和不同职业、不同性格的人打交道，了解他们对产品的看法，深入挖掘需求，为不同的角色来构建产品，以找到最核心的需求；同时也能够更好地合作，推进大家完成项目目标。

2. 信息传达能力

产品经理必须有能力通过产品界面、图表、交互界面向用户清晰地传达关键信息。产品经理向团队讲解产品方案，向运营讲解业务市场，向用户传达产品功能，这些都需要产品经理善于表达。

用户如果在使用某种产品时，学习成本过高，没法快速找到关键信息，会使用户困惑，从而选择其他产品。

此外，国内的互联网公司开发产品时，经常追求大而全，不断地累加功能，这就对产品经理的信息传达能力提出了更高的挑战。

3. 洞察力

互联网行业变化太快，可能短短一两年，市场就会发生翻天覆地的变化。产品经理应了解行业动态，发现新环境下的新兴趋势。虽然不一定要创新来颠覆行业，但是要跟上主流趋势，甚至用新的方式来连接现有的想法。

4．逻辑思维能力

优秀的产品经理必须具有较强的逻辑思维能力，严格地思考系统的设计、执行策略。逻辑对于产品设计尤为重要，我们要考虑主流程及子流程的畅通。特别是后台产品经理，内部模块之间甚至许多系统之间会发生频繁的信息交互，完整的产品逻辑避免出现错误的尴尬。如果用户发现产品逻辑上的错误，这会比交互体验差更严重，转而弃用产品。

5．权衡能力

开发产品的任何一个功能都会产生成本，产品经理需要根据项目最重要的维度（例如美观性、进度要求、功能性、使用场景），经过权衡，来确定最合适的产品方案和优先级。产品经理在很多时候都面临现实与理想之间的权衡，比如新增功能、修改 Bug、系统升级等。

6．推动力

提出产品计划之后，产品经理应与执行团队（开发团队、各部门相关人员）沟通，推动产品向前推进，确保功能开发、发布上线都是成功和良好的。

作为产品经理，应该是一名现实的理想主义者，对产品有着无比认真的态度，同时能够适当妥协，利用有限的资源来推动产品目标的达成。

1.2　相关工具、网站介绍

市面上有许多关于方法论的书籍和文章，笔者就不对流程方法做过多赘述。主要说说产品经理平常工作中使用最频繁的一些工具和网站。

首先是原型工具。产品经理使用原型来表达产品想法，不拘泥于形式，有时手绘就可以做一些原型图，最常见的是用 Axure 画线框图。笔者一开始也喜欢尝试使用各种原型工具，后来使用 Axure 习惯了，就不再需要其他工具。原型、流程图甚至 PRD 文档都开始使用 Axure 写。

思维导图在整理思路时非常有效，能够帮助我们建立系统性的结构思维，有助于对所研究的问题进行深刻地和富有创造性地思考，在具化的过程中找到解决问题的关键因素或关键环节。特别是当我们的想法只是一个点子时，利用思维导图能够迅速拓展成形。常用的思维导图软件有 Mindmanager、Xmind，还有轻便式的百度脑图。这些都是非常优秀的思维导图工具。

PRD（Product Requirement Document）是产品经理将产品需求落地实施最重要的文档，没有标准的规范，也没有统一模板。PRD 的表达方式和产品经理的个人风格有很大关系。建议产品经理们还是尽量详细写 PRD，有需求变更时，尽量在 PRD 中更新。PRD 文档不仅是开发和测试人员进行工作的依据，也能够清晰记录产品迭代的过程，还能在长时间后找回"初心"，追溯当时的产品规划和功能的出发点。

另外产品经理还需要做需求管理的表格，对需要做的、已经做的、做完的需求进行整理跟踪，对需求来源、Deadline、进度进行追踪，这个表格就相当于产品经理的工作清单，可以跟踪工作完成度。需求管理表格可以直接使用 Excel 来完成。

印象笔记也是款不错的软件，可以随时随地进行记录，帮我们构建结构化的知识体系，特别是标签功能，可以轻松对笔记进行分类。工作日志、生活感悟、学习心得等都可以放在印象笔记上。作为产品从业者，知识积累和复盘是相当重要的。当然通过其他的笔记工具也是可以的。

有些产品经理常用的网站，例如 PMCAFF、人人都是产品经理网站、知乎等，都有同行聚集的社群。通过交流，产品经理可以从大家的思考中汲取营养；产品经理也要学会分享，发出自己的产品声音，只有在输入输出的循环过程中，才能获得真正的成长；通过线上，产品经理还有机会结识不同领域的同行，倾听不同的看法，了解下大家都在做什么，避免思维陷入局限。总之，产品经理要善于利用互联网获取有效信息。

许多电商后台的产品经理抱怨平常接触的后台产品太少，很多时候都在空想。实际上有许多成熟可学习的资源。例如大家可以在淘宝上开个淘宝店，将里面的店铺管理、订单管理、物流、商品、售后、促销、装修等流程都走一遍，还能体会作为系统使用者的一些操作和功能痛点；还有可以多看看京东的商家后台，把能接触到的功能都用一遍，思考其背后的产品逻辑和可优化点；有赞的产品交互做得很不错，开店门槛也不高，电商后台产品经理都可以尝试用一下。除了从产品的角度去思考信息流、产品逻辑以外，还要从使用者的角度出发，思考怎样交互更加便捷。

优秀的产品经理都具有"场景思考力"，那什么是"场景思考力"呢？就是在具体场景内联想思考的能力，而不是一味空想。

例如，我们在骑共享单车时，可以思考下共享单车这个产品，其除了每次扫码用车时收费，是不是也可以出类似公交车的月票，或者 VIP 包月服务，比如每月 20 元不限次数骑车？作为产品经理，在浏览同类产品时，要有从业务思考的主动性。如图 1-1 所示，这是大家经常逛的京东商城的一个商品详情图，这张图包含许多信息，你先思考几分钟，然后说说从这张图看到了什么？

经过对图 1-1 的深入思考和分析后，我们可以发现的产品点如下。

（1）商品主图、商品名称、价格、商品详情图等信息都是直接取的商品相关信息，从商品模块获取。标题前的"自营"是后台判断商品为自营商品后加的标记。

图1-1　京东详情图截图

（2）"降价通知"说明后台提供价格监控功能，可以在降价时通知用户。大家可进一步思考价格监控系统的产品设计逻辑。

（3）促销栏中的"多买优惠"是一种促销方式，满 2 件 8 折、满 3 件 7 折，可以推测出其优惠规则。联想下，如果在设置优惠满 2 件 7 折时，选择商品列表，在加载商品详情页时，去查询该商品参与的促销活动。甚至还可以联想生活中遇到的一些促销活动是不是可以在这里用。

（4）"已选"中的内容指的是规格、数量，我们发现切换一个规格，商品名称和价格会发生变化，这个商品详情是以 SKU 为维度来展示的。

（5）"送至"这一栏中包含的信息较多，首先地址是从收货默认地址中提取的。当我们改变地址时，现货可能变成缺货，说明不同地址的发货仓库是不同的。另外地址选择偏僻些，预计到货时间会发生变化，从次日达变成二日达，这说明背后有个从发货仓库到收货地址的物流时长预估系统支撑。

（6）礼品购是平台提供的附加服务功能。

（7）评价中有评价数量、好评度等指标，另外评论不是按评价时间直接显示的，说明对评论有筛选机制。评论上面还有关键词显示，可按照关键词筛选，说明对评论还有关键词提取规则。还可以从评论中看出一系列内容。

（8）"购物车"提供了直达购物车的快捷路径，算是驱动用户购买的一种设计。购物车右上角的"72"代表购物车中商品的数量。

以上列举了对于商品详情页的部分思考，可以看出"场景思考力"能带给产品人许多启发和拓展性。实际上，不论在使用 APP，还是与快递人员接触，甚至在超市购物等各种场景中，只要我们多结合场景思考，就会有许多不错的点子，完整整理出来就可能是可用的产品逻辑。

电商产品是最成熟、最典型的系统化产品，从电商产品入门，再去探索其他的产品，就会发现理解起来很容易。除了系统的逻辑有相通之处，还因为电商行业会带给产品人成熟的体系化思维。大部分行业的产品相对电商产品，复杂度相对较低。学习、理解学习电商后台产品，相信对每个电商从业者都很重要，特别是产品经理，能够在成熟的框架下快速建立系统化的产品理念。

1.3 电商模式

随着互联网产业的蓬勃发展，依托于互联网的电子商务，突破了传统行业经验模式的束缚，将宣传、销售、生产、交易、物流等合为一体，突破了时空的限制，为买家和卖家提供了交易平台。特别是移动互联网的普及，从根本上改变了人们的消费理念和生活方式，同时也引起了很多行业的变革——最明显的就是物流行业——在十年前，当日达或次日达根本无法想象。

电商行业发展到现在，也遇到了瓶颈。如今流量成本高昂，客户忠诚度低。对很多小平台电商来讲，几乎无复购率，只要停止砸钱做活动、铺广告，订单量就会直线下降。电商在疯狂增长之后遇到了天花板，传统零售在电商的冲击下也开始了关店潮。线下实体转线上发展，线上网店转线下寻求突破，都在寻找新的商业模式。

电子商务随着信息服务方式的创新及应用领域的不断扩大，电子商务的模式也层出不穷，每个电商平台在发展的过程中可能会兼顾多种模式，总结下来主要有 5 种类型：B2C、B2B、C2C、C2M、O2O。

B2C（Business to Consumer）：企业与消费者之间的电子商务。B2C 是电子商务最普遍的模式，就是通常说的商业零售，借助互联网进行在线销售，直接面向消费者销售产品和服务，消费者线上支付，网上购物。B2C 模式的电商是日常生活中最常见的模式，类似京东、天猫等都是典型的 B2C 商城。

B2B（Business to Business）：企业与企业之间的电子商务。供应方（Business）与采购方（Business）之间通过运营者（Operator）达成产品或服务交易的一种电子商务模式。B2B 解决的是供应商的上游到中游的问题，B2B 模式的优势在于可降低采购成本，节省周转时间，但是企业采购一般要求较高（资质、流程、库存、货款等），需要许多线下沟通，目前 B2B 电商大部分是促成中小企业的线上交易。如今 B2B 平台更多是提供企业之间的信息匹配，要将 B2B 电商发展成类似 B2C 一样繁荣，需要在细分行业深度挖掘需求。类似阿里巴巴（1688）是典型的 B2B 商城。

C2C（Consumer to Consumer）：消费者与消费者之间的电子商务。C2C 模式相对 B2C 来说更加灵活，对于海量商品和类目进行补充，可以针对用户做个性化定制。市场的主流趋势仍是 B2C，更能保证商品质量和服务。移动社交的兴起给 C2C 电商带来了一定机会，给了 C 端做分销或个性化商品的环境。淘宝网、微店等都是典型的 C2C 商城。

C2M（Customer to Manufactory）：客户与工厂直接对接，即定制化生产消费。C2M 砍掉了架在消费者和制造商之间的品牌商、零售商。对于消费者而言，这将是重磅福利，因为这样省去了渠道成本和库存成本，消费者将能用非常低的价格买到品质上乘的商品，而且还能定制；对于制造商来说，由于价格低质量好，吸引更多顾客，这也能给他们带去巨大的收益；这种模式还解决了库存顽疾这一大问题，将传统的刚性生产模式变成了柔性生产线。未来 C2M 的利润空间更多的将是定制服务和增值服务。

O2O（Online to Offline）：一般是指线上到线下，通过互联网连接本地生活服务，解决日常生活中的衣食住行等需求。O2O 平台在线上提供生活服务信息，从线上获取信息、购买，到线下享受服务，再到线上评价完成消费的闭环。

以上说的这些模式在日常生活中都能接触到，甚至有的平台是多元化的商业模式，兼具多种模式。经过多年的发展历程，不论自营式电商，还是平台式电商，或是细分领域的电商，各类电商企业层出不穷。毫不过分地说，许多需求都被挖掘到过剩。马太效应也在电商行业得到了充分的体现，先行者或巨头们过得越来越好，一些追风者企业则消亡了一批又一批。失败点或在供应链的管控上，或在用户流量上，或在资金链断裂上等。

目前中国已经成为网络零售平台最先进、电商环境最好的国家。从 2016 年开始，电商巨头如阿里巴巴、京东逐渐开始大规模涉足线下实体商业，新零售概念开始兴起。可以预知的是，未来商业将向自动化和智能化的方向发展。和过去十几年一样，未来的商业模式也会改变消费者对商业的认知，传统的线下卖场、商业综合体将迎来一场变革，新技术如 VR（虚拟现实）、AI（人工智能）、大数据分析等将广泛应用于日常生活中来满足用户需求，线上线下的深度结合将更好地服务消费者。

对于电商产品经理来说，这是最好的时代，将有机会参与到改善新零售服务的浪潮中，思考各种新技术与商业结合的可能性，与各行各业的专家、工程师一起协同工作，用产品优化服务。

第 2 章

支撑线后台概述

很多人接触电商都是从淘宝（天猫）、京东开始，也仅限于前端商城，很少有机会了解后台。如同骨骼之于人体，后台对于电商业务的支撑起着至关重要的作用。一开始接触后台产品，会觉得异常困难，因为后台不是某个独立系统，而是多个模块组合，并且之间还有信息交互。后台重逻辑、重业务，对产品经理的要求很高，令许多人望而却步。不过当我们慢慢梳理清楚业务，弄清楚系统之间的信息流转，就能逐渐成长，甚至在逻辑自洽中找到做后台产品的乐趣。

2.1　什么是电商后台

"前端用户的一小步，后台系统的一大步。"相信接触过后台一段时间的产品经理都会发出这样的感慨。

平常我们用的最常见的功能，比如购物车、优惠券等，看似很简单，用户在使用时也就是点一下，实际上在后台要经过很多条件的校验、多系统间的信息流转。

电商后台对大部分用户来说很陌生，平常几乎接触不到。后台与前端是相对的，对普通消费者来说，商家系统和平台管理系统都属于后台；对平台上的商家而言，商家系统就是后台系统；对平台来说，平台的管理系统属于后台，针对 C 端的APP、H5 商城和针对 B 端的商家管理系统都属于用户端。

电商后台系统，其实也不能叫作一个系统，可以称为后端支撑产品线，一些公司将其拆分为很多子系统，阿里更将其发展成了中台事业群（商品中心、搜索事业部、共享业务平台等）。后端一系列系统支撑着公司各种业务的进行和发展，当前端展示、业务处理（订单、售后）、库存变动等业务正在进行时，后端各系统间则互相调用接口进行数据更新。

电商行业的许多业务与传统零售业类似，构建后台系统的过程实际在做信息化供应链。做电商产品经理，一定要读供应链管理的相关书籍，用专业化的理论来理解业务。

在漫漫人类历史中，商业以各种形态已存在千百年，现代供应链管理理论发展已近百年，供应链的信息化自计算机诞生后就不断在推进。电商行业不同于其他互联网领域，已经有许多成熟的商业理论可以应用。电商后台产品线的大多数工作是将线下的供应链体系搬到线上，比如采购、仓储、供应商管理、库存管理、商品、售价管理等，这些领域在传统制造业、零售业已有一套成熟的理论和应用。

现在很多电商企业会选择自主开发电商整套系统，系统却很"土"，只在意从 0 到 1，却忽略从 1 到 100 的优化。以库存管理为例，商品库存仍是囤货策略，没有从科学的角度去考虑库存周转期、安全库存、补货策略等已经很成熟的东西。图 2-1 所示的是马士华老师在《供应链管理》中的供应链管理体系构建总体模型。可以发现，电商后台产品的许多业务都在这张图中有所体现。电商公司的采购、仓储、服务、物流、订单等工作都在供应链管理中有所涉及。比如 Push/Pull 方式就经常用在电商的库存管理中，双 11 的促销就是 Push 的方式，先备货，然后通过促销来增加需求。电商后台的许多工作是将供应链流程信息化，以系统的方式来控制业务。当然电商产品中也有许多独有的内容，如在线商城、内容管理（CMS）等。

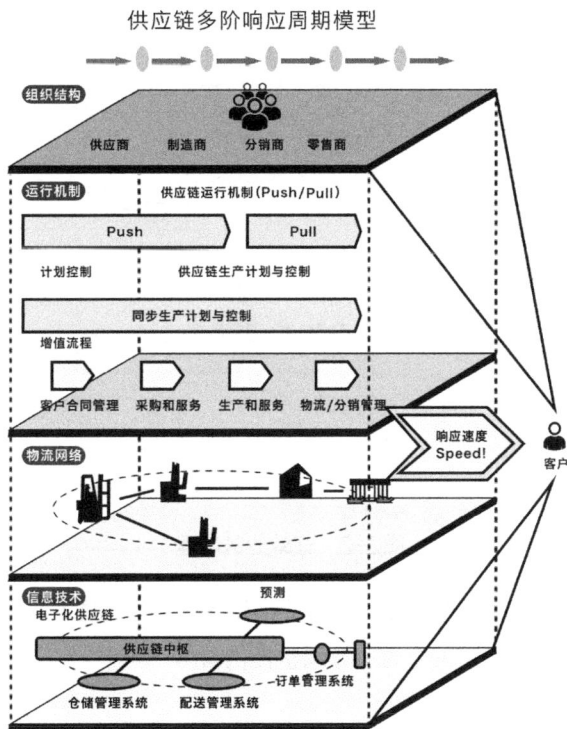

图2-1　供应链管理体系构建总体模型

以客户下订单为例来介绍业务信息在各系统之间的流转，涉及主要的信息交互如图 2-2 所示。从用户选择商品、生成订单到订单出库、物流配送、用户签收、退货退款，信息在多系统中流转更新数据。

从图 2-2 中可以看出，前端用户简单的下单动作，需要后台系统多系统模块之间的配合。对于产品经理来讲，理清各系统之间的业务逻辑，特别是当商品类型多样（包括服务商品、实物商品、服务加实物商品等），业务复杂（包括预售、代销、代发等）时，各系统模块的隔离、设计时考虑扩展性非常必要。

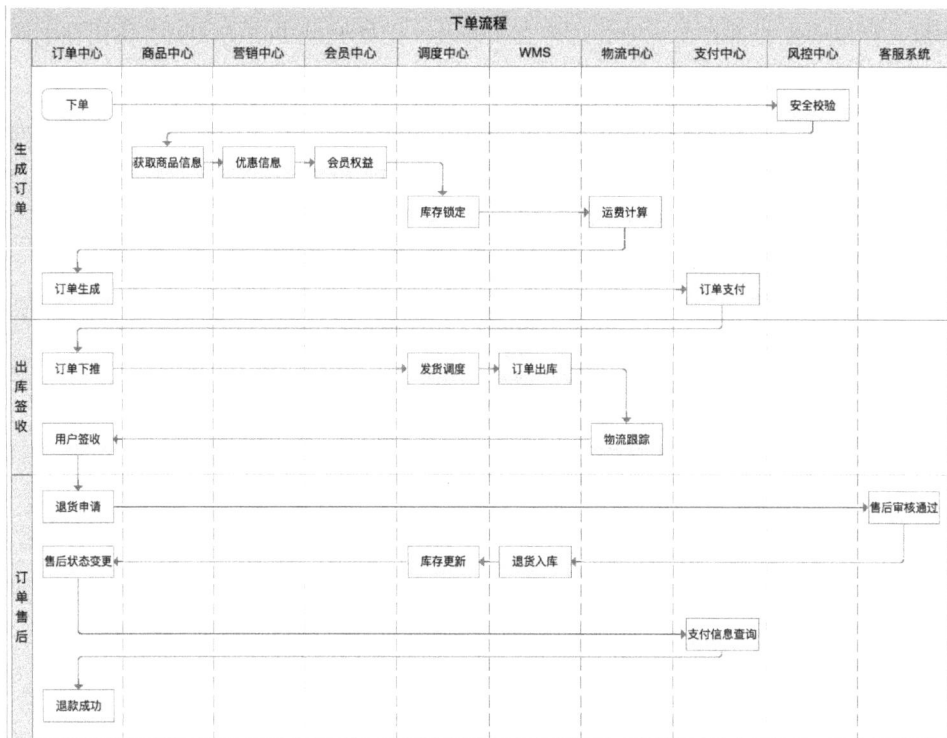

图2-2 订单业务流程

在电商企业中，后台系统主要的作用是业务支撑、优化服务流程、提高服务效率，还可以提供数据分析参考，进而为业务调整提供参考。

2.2　电商后台产品架构

电商后台是业务要求较高的产品，当前台产品或业务人员提出需求时，有经验的后台产品经理第一时间想到的不是画原型、设计功能，而是分析要实现需求涉及哪些模块，需要协调哪些子系统对接。所以优秀的产品经理一定是对产品整体架构比较清楚，能从系统整体角度考虑功能的合理性，在平台层面为未来可能的业务发展进行规划和设计。

好的产品架构对于一个企业来讲是非常重要的一件事情，决定了是否能够承载业务的发展，就如同地基之于高层建筑。由于商业性质决定了电商业务支撑系统必须具备稳定性、可扩展、操作便捷、安全性强等特点，产品经理在设计产品架构时，应充分考虑到业务发展需要，尽量将各模块隔离，比如以商品模块建商品中心，以订单模块建订单中心等。只有在产品设计上有模块化思想，具有前瞻性，技术在开发时才会考虑业务隔离，当业务调整、功能新增时，开发可迅速进行，避免牵一发而动全身的事情反复发生。

产品架构的可扩展性非常重要。很多时候会听到开发讲"不要写死"——写代码讲究"可复用、可扩展"。对于产品架构来说同样如此。产品经理在设计产品架构时，要思考未来产品迭代的方向，可能会增加哪些模块，从一开始就给以后的发展留下可能性。如果新产品还没迭代几个小版本，增加一些功能就需要整个页面层级或技术架构推倒重做，那肯定是产品经理的问题。以网易云音乐为例，从 2013 年云音乐的 1.0 版本开始，一直更新到现在，APP 的信息架构和页面层级基本没发生太大变化。好的产品架构能够支撑业务拓展，降低维护成本。

电商后台产品架构设计要求产品经理非常懂业务。对于系统逻辑思维、整体业务认知以及发展的前瞻性，不同行业、不同用户群的产品经理在做产品整体架构时思路也会不一样。

针对一般电商业务，笔者简单画了一张产品模块示意图（如图 2-3 所示），基本一些中小型电商公司的产品架构大致如此。除了图中所示，现在很多电商公司开始转型社交电商，采用 UGC 模式或直播电商，在产品架构上会新增资讯系统，实现资讯与商品的高度融合。

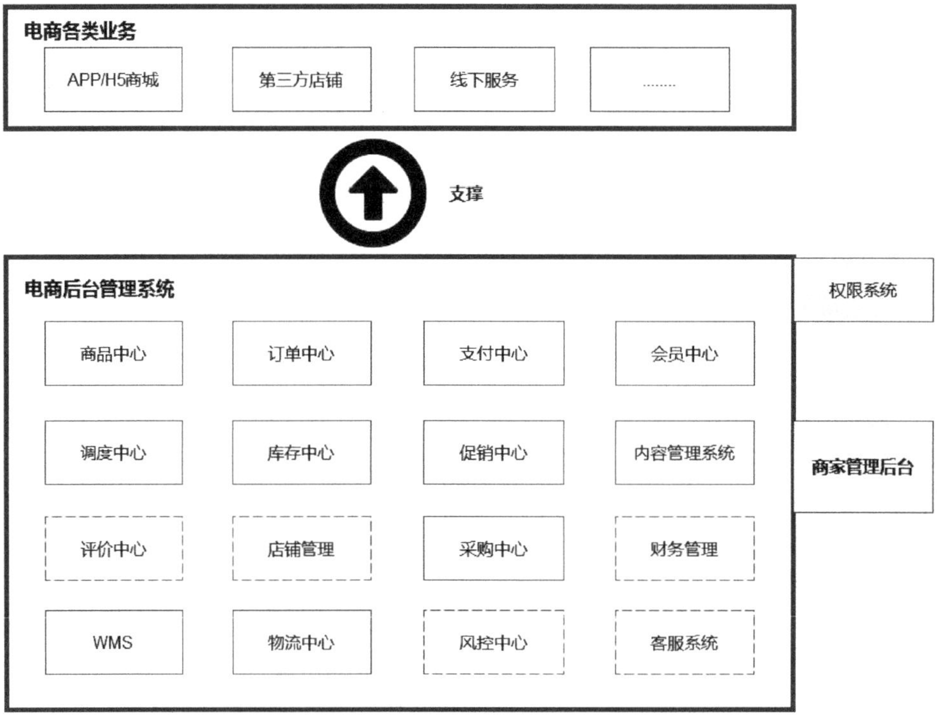

图2-3 电商后台产品架构（简化版）

（1）商品中心：主要管理SKU(最小库存单位)、SPU（标准化产品单元）、属性（关键属性、非关键属性、销售属性）、类目品牌、价格等有关商品的数据。

（2）订单中心：管理订单类型、订单状态，收集关于商品、优惠、用户、收货信息、支付信息等一系列的订单实时数据，进行库存更新、订单下发等一系列动作。

（3）支付中心：管理支付数据，调用第三方支付平台接口，记录支付信息（对应订单号、支付金额等），支付对账。

（4）会员中心：主要管理用户等级、用户权益、积分、卡券等会员相关信息，通过一系列满足用户心理、提高黏性的方法来实现开发新用户、增加用户活跃度的目的。

（5）调度中心：将订单信息转化为发货通知单，以及其他出入库单，调度仓库和物流进行发货。

（6）促销中心：主要管理活动相关，优惠券、满减、专场活动、促销专区等。促销工具的开发对电商尤其重要。促销活动的滥用易造成的用户疲劳，怎样推陈出新，给产品经理造成了很大挑战。

（7）内容管理系统：主要是对用户端进行页面配置（Banner、ICON、Tab），配置首页，自定义活动页面，设置生效时效。

（8）评价中心：管理商品评价和用户反馈。这并没有想象的那么简单，涉及一些敏感词和敏感图片的筛选，以及回复内容管理。

（9）采购中心：管理 SKU，当库存预警时，及时生成采购单进行入库。有供应商管理模块，主要进行供应商管理评级，发展新供应商等功能。

（10）财务管理：主要管理订单、采购系统相关的财务数据，数据准确性要求较高。还需要负责对账、清账、统计等业务。

（11）WMS 系统（仓库管理系统）：主要包括入库、出库、盘点等模块。WMS 主要和调度中心进行数据交互，反馈出入库状态和库存变动。

（12）物流中心：主要包括运费模板，负责运费管理（前端订单、真实物流成本）、物流状态保存查询（包括快递 100、菜鸟等关联业务）。如果是跨境电商，还涉及和海关总署的对接，进行报关操作。

（13）风控中心：主要利用大数据进行用户信用建设、反欺诈，避免恶意评价、刷单退款等操作，构建安全的电商购物环境。

（14）客服系统：主要管理退货退款、售后服务等操作，包括呼叫中心、在线客服等，与之对应的是工单系统，将客服任务进行队列管理，分配给相应的客服。

（15）店铺管理：功能庞杂，相当于提供给 B 端用户一个 Saas 管理后台，提供管理商品、营销、订单一系列功能，主要针对一些有对 B 端业务的电商开放平台。

对电商公司来讲，最核心最难做的有三部分：商品、订单、库存。商品与店铺、营销、评价等相关；订单与会员、营销、支付、库存、物流等相关；库存与订单、采购、WMS、营销等相关。系统之间业务逻辑和交互异常复杂，规则多样。

对电商后端支撑线各模块的业务功能有初步认知之后，可以看到的是，平常手机中的一个电商 APP，背后是若干子系统在支撑着，亦是许多技术和产品人员在辛苦付出。

每个子系统不是孤立的，通过产品架构相互关联，定义其功能范围。产品架构与技术架构相辅相成，产品架构决定需求和设计，技术架构决定技术框架与性能。

产品架构将这些不同用途的功能进行聚类整合，将电商后台拆分成多个子系统，明确业务边界，尽量减少系统之间的耦合，高效支撑前端业务。

2.3 后台丰富度的权衡

对于电商后台，初创小公司用几十个开发人员就能满足需求开发，维持业务流转，大公司则需要几百甚至上千个开发人员来进行开发维护。这就涉及后台系统复杂度的问题，除了业务范围的区别，还有业务量的因素。

如图 2-4 所示，以商品模块为例，在业务量逐步增长时，为了高效便捷地服务用户，会慢慢拆分多个模块。如图上所示，在系统上线初期，整个后台系统融合在一起，商品部分只是后台系统的一个模块。随着业务量的增长，将商品中心独立为子系统；接着随着业务继续增长，库存模块从商品中心中独立出来，单独成为库存中心；再接着发展下来，价格模块从商品中心独立成价格系统；再后来，价格系统根据需要拆分为价格管理系统与价格监控系统。从这个例子中我们可以看到，系统都是从简单到复杂，随着业务慢慢迭代。

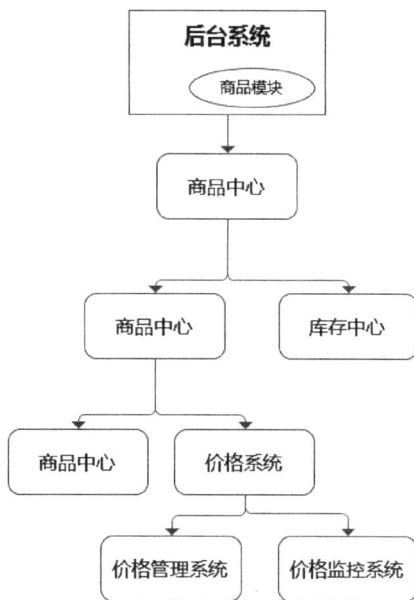

图2-4 商品模块系统进化过程

对产品经理来说，并不是要把系统做得大而全，也不是小而精。前面提到过，产品经理要做现实的理想主义者，根据实际情况来制订产品迭代计划，不求一步到位。

在产品开发初期，为了尽快上线、降低开发成本，会优先开发主需求，后期随着业务发展慢慢迭代。很多后台产品在上线一段时间后，随着业务增长处理起来会变得越来越吃力。各系统模块杂糅在一起，耦合度高，还有可能出现牵一发而动全身的情况。后台产品经理的能力很大一部分在于对业务的梳理能力，越到后台发展中后期，业务逻辑会越复杂。对业务进行拆分，定义产品架构，支撑中长期的业务发展，极其考验产品经理的能力。

从下章开始详细介绍电商后台产品线中的各系统模块，主要包括业务处理逻辑、与其他系统之间的信息交互等。

第 3 章

商品中心

每次在网上购物，逛淘宝、天猫、京东的时候，映入眼帘的都是品类繁多的商品，浏览选择商品比实体店都要方便。当我们选择分类或者直接搜索的时候，可以按条件筛选，快速从千万商品中找到心中想要的商品；甚至不用查找，系统就推荐出了想要的商品。在浏览商品时，商品主图、详情图、规格属性等信息应有尽有，让我们感觉比在超市拿着实物获得的信息还要多，感觉一切都很神奇，那么电商系统到底是怎么实现商品的精细化管理呢？

对于产品经理来说，商品中心的合理设计不仅能够满足前端商品的多样化展示，还能支撑复杂场景下，商品信息在订单中的系统流转。

商品是电商产品体系的核心之一，我们将统一管理商品的地方定义为"商品中心"。商品中心的数据应用场景很多，在使用的维度上分为前端和后端。从前端来讲，是给商品展示、订单、营销活动提供商品数据支撑；从后端来讲，商品中心给订单发货、仓库管理、供应商管理、采购提供基础数据支撑。

为了更清晰地描述商品中心这项重量级工程，也是为了能够让后台各系统模块理解起来更加轻松，笔者主要从 9 个方面来阐述商品中心：商品的基本概念、类目和品牌管理、属性管理、SKU 编辑、商品编辑、商品管理、商品搜索及筛选、商品推荐、商品评论等。

随着商业模式的变化，商品中心的架构亦会随之变动，例如商品分为实物商品或虚拟商品，商品归属分自营或平台商家，售卖分为正常售卖和预售。不同业务场景下商品中心的设计会有些不同。虽然本文讲的主要是类似 B2C 模式的商品中心的设计，但是万变不离其宗，只要善于思考，结合业务场景，举一反三，都能够找到最合适的解决方案。

3.1 商品的基本概述

接触过电商的朋友都或多或少地接触一些术语，类似 SKU、SPU、属性、类目等，如果你在做运营或者做开发，或者做产品，在实际工作中就会频繁被这些名词所包围。下面具体介绍一下电商的一些基本术语。

SKU：（Stock Keeping Uint，即库存量单位），库存控制的最小可用单位。例如 "iPhone 7 Plus 128G 银色" 就是一个 SKU，仓库管理、采购进货、库存管理都是以 SKU 为记录单元。

SPU：（Standard Product Unit，即标准化产品单元），是一组标准化信息的集合，例如 "iPhone 7 Plus" 就是一个 SPU。

类目：即分类树。电商常用的有两层类目：前台展示类目和后端商品类目。前台类目指的是展示给消费者看的类目，会根据季节、销售策略、活动进行变动；后台类目属于基础数据，不可随意变动，添加 SKU 时都需要选择后台类目，进行绑定。

属性：分为关键属性、销售属性、非关键属性。关键属性是指能够唯一确定产品的属性，是必填项，例如手机的屏幕尺寸、型号属于关键属性。销售属性是组成 SKU 的特殊属性，或称为 "规格属性"，例如手机的 "颜色"、"内存"。非关键属性指的是除关键属性、销售属性外的其他属性，如手机的手机接口类型。非关键属性不一定是非必填项，不过有时为了商品信息完整，也会设为必填项。

商品模块的组成较为复杂，特别是在定义 SKU 与 SPU 时，涉及类目、属性等信息。笔者画了一下商品的架构图，如图 3-1 所示，根据商品的公共数据库，主要包含品牌库、属性库、通用规格库、税率库、生产信息库（产地）等信息，先定义出 SKU，然后加上商品描述和规格，就成了商品。对于商品库，衍生出了价格管理、评论管理、搜索筛选、商品推荐等模块。当然还会有库存管理，本章不做讨论，后面会有章节专门聊库存管理。

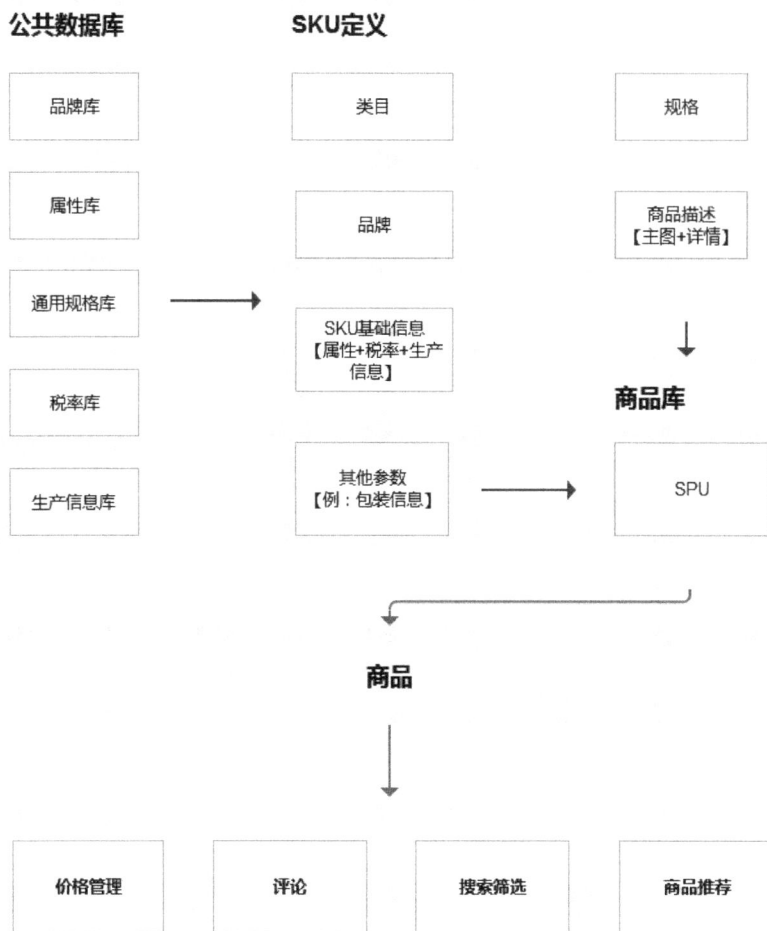

图3-1　商品模块组成

3.2　类目管理和品牌管理

【类目管理】

如前文所说，商品类目分为两层：基础数据类目层（后台类目）、前台展示类目层（前台类目）。

现在前、后台类目分离的理念已深入人心，那为什么要将前、后台类目分开管理，而不是前、后台共用一套类目呢？

这就是业务驱动产品的一个实例。随着商品量的增多（京东的 SKU 达到数百万级，淘宝、天猫的 SKU 达到数亿级）、类目树的层级越来越深，一方面，如果买家直接使用后台类目，那么查找商品时将越来越难，另一方面，出于日常运营需要，运营人员在调整类目时，都需要去变更商品的类目，工作量巨大，而且随着节日、时令季节变化，运营会经常变更类目。

在这样的情况下，将前、后台类目分离。后台类目面向商家或供应链人员，商品属性、销售属性及品牌等很多数据都是在基础类目上进行管理；前台类目面向用户，方便用户查找商品，还可以随着运营需要去调整。前、后台类目通过映射关联。

类目管理对商品模块有非常重要的意义，有着明显的平台定位印记，每个行业的类目都会有其特色。类目管理的作用在于以下几点。

（1）方便快速发布及管理商品，供应链人员或平台商家更好进行商品管理。

（2）标准化商品服务，对于电商平台，品类定义基本确定平台的商品服务范围。

（3）有利于仓库管理，合理的商品类目管理还能方便仓库中库位分区管理商品。

（4）日常运营需要，在电商运营中，需要进行商品聚类，科学的类目管理可以减少运营的管理工作。

1. 后台类目

后台类目主要面向平台商家，用于管理商品和属性。在添加和管理商品时，都是在基础数据类目层对商品进行管理，如图 3-2 所示，是京东后台的基础类目。

后台类目相对固定，确定了之后不会轻易变更或删除，如果类目下挂载有商品，就不能删除或作废。

类目树的层次不能太深，一般三层或四层。如果太深，不论对于管理还是技术性能来说，都是不利的。类目树中最后一层类目称为叶子类目，商品必须挂载于叶子类目下。

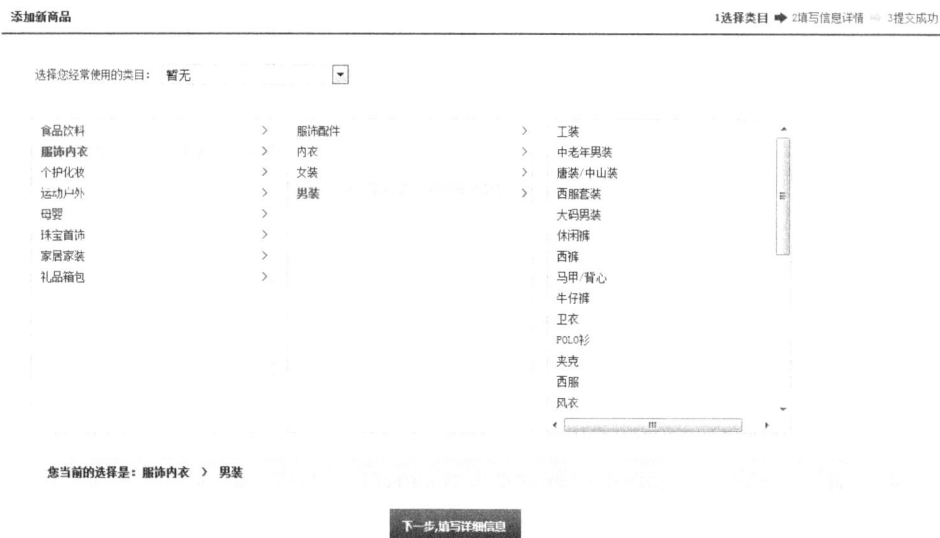

图3-2　京东后台类目

商品属性、销售属性及品牌等很多数据都是在基础类目上进行管理。发布商品时，在选择好叶子类目之后，会被要求选择品牌、填写相应的属性，所以类目管理属于较为核心的工作，一定要从长远角度考虑。

赠品作为促销（低价）商品，应该专门设置类目，通常放置到商品发布类目"其他—赠品"类目下，以避免引起买家对该商品的误解，进而避免产生不必要的纠纷。

2．前台类目

前台类目主要面向用户，方便用户筛选查找商品，如图 3-3 所示，是京东的前台类目。前台类目可以根据运营需要，灵活多变。所以处理产品的前端类目时，就应该提供多样化的前端类目支持。

从用户渠道的纬度上讲：

（1）前台类目可支持不同客户端的设置。PC 端、H5 端、APP 端等渠道由于用户群体有所差异，可分别设置前台类目，独立运营。例如京东的 PC 商城、APP、微信商城的分类就有所差异。

（2）支持平台商家自定义店铺前台类目。每个商家的产品和定位不同，有不同的类目运营需求。例如淘宝的每个店铺都可以自定义自己的前端类目。

图3-3　京东前台类目

从前台类目定义的维度上讲：

（1）前台类目对应后台类目，可一对一、一对多、多对多，自由组合，动态调整。现在大部分自营电商都是用的这种类型。

（2）前台类目直接对应品牌、商品，适合商品较少的小商家。这种情况主要是因为一些电商平台提供给平台上商家的类目服务，在添加商品时可以直接选择前台展示的类目。

（3）前台类目对应后台的叶子类目和某项属性的组合。例如分类时选择奶粉中的 1 段、2 段、3 段等属性组成类目。

前台类目不同于固定的后台类目，编辑很灵活、可重叠、可删除、可随时变动、定时生效。

【品牌管理】

品牌是商品的必备属性之一，在用户做购买决策时亦是关键因素。品牌管理的流程相对于类目管理来说更简单，如图 3-4 所示。

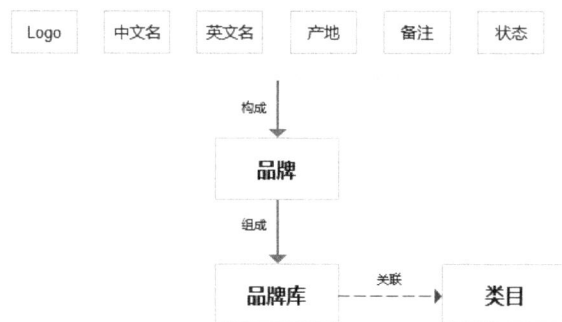

图3-4 品牌组成

需要注意的是以下两点。

（1）新建品牌，其相关字段一般有：Logo、中文名、英文名、产地、备注、状态（可用、不可用）。

（2）将品牌关联到类目上，关系也是一对一、一对多、多对一。例如雀巢的产品有咖啡、奶粉、饮料等不同种类，这三类产品属于不同的叶子类目。

品牌关联类目的好处在于：提升发布商品的便捷性，避免出错；品牌管理标准化；在搜索筛选商品时更加快捷。

当然品牌关联类目也会带来一定的管理难度。对于中小电商来说，当品牌数量并不是太多的时候，可以不做关联。

3.3 属性管理

属性是对产品性质的描述，是区分产品差异性的集合。在电商中，属性通常分为关键属性、销售属性、非关键属性、商品属性。

（1）关键属性：能够确认唯一"产品"的属性。关键属性可以是一个属性，也可以是多个属性的组合。例如：通过手机的"品牌"、"型号"两个属性组合就能确定唯一的产品，这两个就是关键属性；通过服装的"品牌"、"货号"两个属性组合能确定唯一的产品，所以这两个也是关键属性。

（2）销售属性：也称为规格属性。其是组成 SKU 的特殊属性，它会影响买家的购买和卖家的库存管理。例如服装的"颜色"、"套餐"和"尺码"，都是销售属性。

（3）非关键属性：除关键属性、销售属性外的其他属性。非关键属性不一定是非必填项，有时为了商品信息完整，也会被设为必填项。注意，产品的非关键属性并不包括商品属性。

（4）商品属性：表示商品的特有特征，比如新旧程度、保修方式等，不能作为产品的属性。

属性的定义对于良好的消费体验有着至关重要的意义，对搜索、索引、筛选都能起到至关重要的作用。商品搜索能力，除了标题、类目，很大程度依赖于商品属性，条件筛选的基础数据也是商品属性和规格属性。完善商品属性对于实现良好用户体验至关重要。

属性包括属性名、属性值，一般都是挂在具体类目下，设置为必填或非必填。在设置属性值时，须保留一定的扩展性，部分允许自定义属性。商品属性管理要求强大的类目运营能力，在中小型电商平台一般会提供基础属性值，再开放自定义属性编辑，让用户来完善属性库数据。

【商品属性系统的设计】

为了方便商品管理，我们需要在系统中建立一套属性库，类目属性都是调取的属性库里的数据，而属性搭建的原则通常是从属性分类的纬度来搭建的，分别是关键属性、销售属性、非关键属性、商品属性。

如图 3-5 所示，在定义一个属性时，需要挂载在类目下，区分属性分类（关键属性、销售属性、非关键属性、商品属性），并确定属性值、显示类型（单选、多选、可自定义）、是否必填以及属性分组。对属性的定义是为了在添加商品时，属性列有判断条件。在搜索筛选时，确定各属性字段的意义和权重。

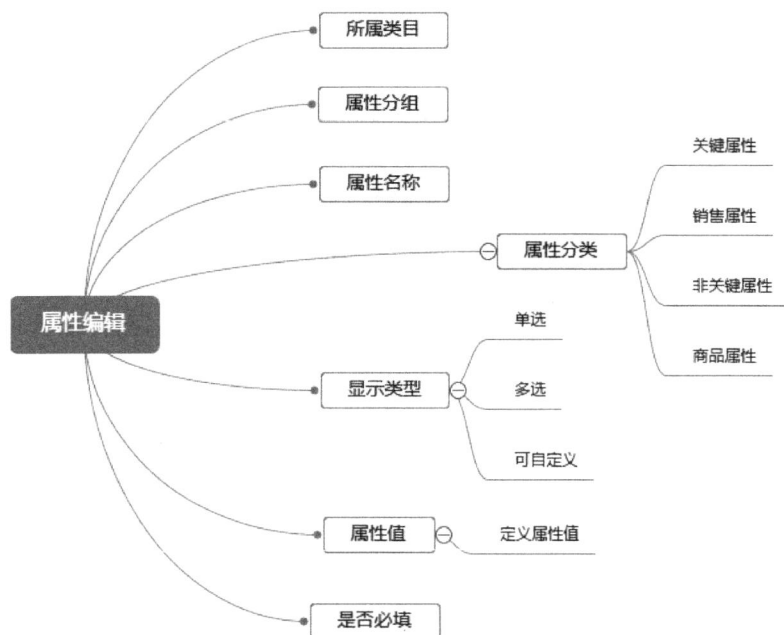

图3-5　属性编辑

属性编辑主要是定义当前分类的商品具有哪些属性。在属性管理上，有两个产品方法可以使用，属性分组和属性继承。

1．属性分组

由于一个类目的属性有时会很多，可能几十个，甚至上百个，所以引入了属性分组的概念，把形容某一类特征的几个属性归属于一个组，这样在前端的规格参数里可以按后台设置的属性分组按序展示，也方便对属性进行管理。如图 3-6 所示，屏幕参数、镜头参数、曝光控制、闪光灯参数等都属于属性分组。

2．属性继承

如果网站的商品分类为三个层级，每个商品由很多的商品属性构成，其中同一层级的商品属性可能有很多都是相同的属性，为了减少属性添加时的工作量，我们将这部分共用的属性归类后赋值在上一层级的分类中，依次操作，将归类后的属性分别赋值给上级的分类中。

屏幕参数	液晶屏尺寸	3.0英寸
	液晶屏像素	约104万点
	液晶屏类型	旋转屏；触摸屏
	取景器类型	光学取景器
镜头参数	滤镜直径	58毫米
	最大光圈	5.6毫米
曝光控制	白平衡模式	自动（氛围优先）、自动（白色优先）、日光、阴影、阴天、钨丝灯、白色荧光灯、闪光灯、用户自定义
	ISO感光度	ISO 100-25600，可扩展到ISO 51200
	场景模式	肖像；风景；微距；运动；日落；夜景肖像；夜景；手持夜景
闪光灯参数	机身闪光灯	支持
	外接闪光灯	支持

图3-6　属性分组

每一个层级的商品属性继承上一层级的商品属性，将每个层级的属性提取出来，便组成了一个商品的完整的属性表达。

如图3-7所示，1级类目有属性A，2级类目有属性B，3级类目有属性C，那3级类目下的商品SKU1就具有属性A、B、C。比如实物商品佳能EOS 800D（在类目"数码"→"摄影摄像"→"单反相机"中）就有商品毛重、像素、套头三个属性需要填写。（举例只取了部分属性。）

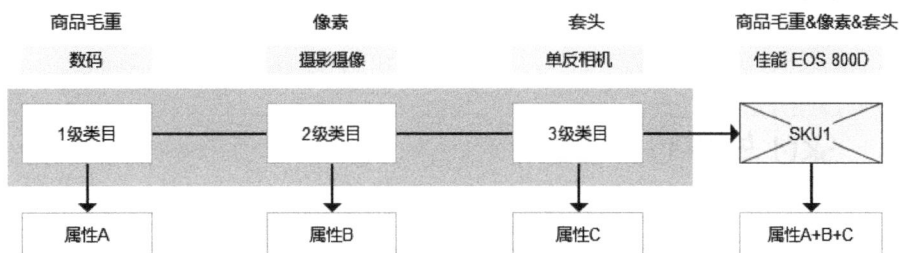

图3-7　属性继承

当属性库搭建完成后，就会被各个叶子类目调用，添加商品时就需要填写这些属性，商品就有了载体，例如图3-8所示。属性库在前台便充当起了导购、描述、筛选的作用。对于仓库管理有较大作用（易碎、防潮等），根据这些属性便能确定商品的唯一性（SKU）。

图3-8　淘宝的商品属性（类目"男装"→"风衣"）

特别需要注意的是一些规格属性（如颜色、尺码等）。很多产品有多规格，例如衣服、鞋子等。以一双男鞋为例，有颜色（假设白、红、黑3种颜色），有尺码（从39～44共6种尺码），那么这个SPU（男鞋）下面就有18个SKU。这些SKU的属性除了规格属性外，其他属性都是一致的，所以在新建商品时，可聚合到一起，共用其他属性。

3.4　SKU 与 SPU

SKU和SPU算是电商中最基础的概念，SKU是最小库存单元，SPU是标准化产品单元。很多电商从业者在入门的时候都会被这两个概念围绕。

SPU与SKU的关系有许多种，可以一对多、一对一，如图3-9所示。绝大部分SPU与SKU都是一对一，多规格的SPU和SKU之间是通过规格属性来连接的。SPU的库存是由其对应的SKU库存共同决定的。

以 iPhone 7 Plus（SPU）为例，这个 SPU 的规格有多种（颜色包含金色、白色、黑色、玫瑰金、银色、亮黑、红色等 6 种；内存包含 32G、128G、256G 等 3 种），对应 18（即 3×6）种 SKU。比如"iPhone 7 Plus 白色 32G"、"iPhone 7 Plus 黑色 32G"这两个 SKU 都能具化到实物。仓库系统、采购系统、库存系统、订单中心等系统都是主要管理 SKU。

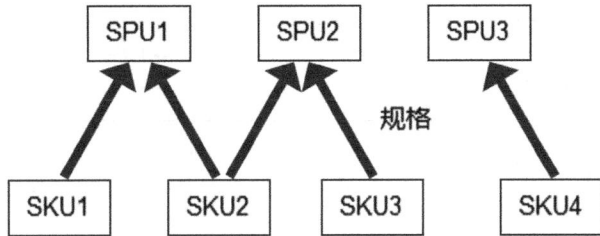

图3-9　SPU与SKU关系示例

在日常运营中也很常见一个 SKU 对应多个 SPU，比如图 3-9 中 SKU2 就对应 SPU1 和 SPU2。例如在一家淘宝店中，同样的一件男裤，店家可以起两个不同的商品名称（"七分裤男夏季薄款纯棉运动休闲"、"7 分男士短裤男夏天宽松大码小脚潮"），这时候在前台展示的是不同商品，系统中这两件商品编码（SPU 编码）也不同，但是发货对应的是同一个 SKU，库存也是共用。

还有一个比较特殊的概念：组合 SKU，主要是解决出售组合商品的问题。组合 SKU 的属性都继承主 SKU。组合 SKU 不同于套装促销。套装促销在订单中会展示多个商品，而组合 SKU 在前台是一个商品。组合 SKU 的应用场景主要是添加赠品、组合售卖，与前台的商品套餐有所区别。在订单解析成发货单时，组合 SKU 需解析成单一 SKU，方便仓库发货，更新库存。

如表 3-1 所示，SKU3 是一个组合商品，在前台售卖时是单个商品，下单之后流出仓库就解析成 SKU1 和 SKU2。还有一个业务场景，这种组合套装有特殊的包装，而仓库不会去包装的情况下，套装进仓的时候就以独立的 SKU 入库，不需要做拆分处理。

表3-1 商品与SKU的对应关系举例

商品名称	订单数量	对应SKU	组合SKU	仓库发货SKU明细
紫檀鼓桌	1	SKU1		1×SKU1
紫檀鼓凳子	1	SKU2		1×SKU2
紫檀中式饭桌组合	1	SKU3	SKU1 + 4×SKU2	1×SKU1 4×SKU2
紫檀中式饭桌组合	2	SKU3	SKU1 + 4×SKU2	2×SKU1 8×SKU2

【编码问题】

在电商系统中流转的是系统生成的SPU编码和SKU编码。这里要介绍一下69码，我国官方的商品编码是69开头，俗称69码，例如食品包装上的条码。在编辑商品的时候，一般会有个条形码字段需要填写，就是系统中的SKU对应69码。这个条形码主要在采购、出入库时使用。

在仓库的条码方案以下有两种。

（1）全部自建条码。采用自己的SKU编码管理商品，需要入库前重新贴标，成本较高。

（2）有69码的商品沿用69码，无69码的商品（比如蔬菜、生鲜等）以及无法指定到单一的有码商品重新贴SKU编码。在仓库管理时做相应的条码映射。

3.5 商品编辑

SKU组成如图3-10所示。在添加商品时，通过销售属性去关联SPU与SKU，同一SPU在前台显示时可以共用同一商品详情，只是通过规格属性映射到具体的SKU上。通过供应商去关联采购，进而影响仓库中SKU的库存。供应商在添加SKU时亦可不选择，可以在采购系统中添加关联。针对商品的关键属性和属性值，可以在商品搜索和筛选时用上，良好的属性定义对于顾客决策树的缩短有着至关重要的作用。

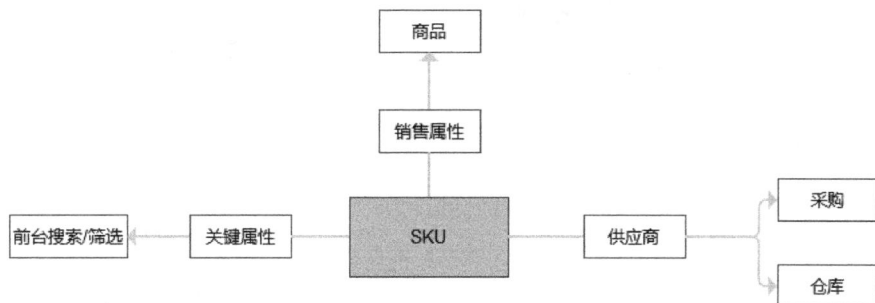

图3-10　SKU组成

很多电商公司业务定位都是 B2B2C，为了扩充 SKU，增加用户量，或者构建平台体系，都会允许第三方来平台管理商品，类似京东、淘宝。这类平台的商品结构更加复杂，SKU 需要增加所属商家，商品详情、属性值、库存都需要相互独立，在SKU、SPU 纬度上增加一个商家纬度。这里不做过多扩展，感兴趣的朋友可以深入思考。

笔者再从商品前端显示来说说后台设计的那些事儿。

用户平常购物接触到最多的就是商品显示页，商品列表、商品详情页的基础信息都是从商品中心获取。目前对于商品设计有着成熟的产品方案。电商网站的商品产品结构大同小异，淘宝、天猫上的商品以 SPU 形态显示，京东上以 SKU 形态显示，两种处理方式各有优劣势（淘宝切换规格时商品详情不变，京东切换规格时标题及详情会改变）。其实笔者更倾向于淘宝、天猫的商品结构，能够支持更加灵活的商品方案。

如图 3-11 所示，商品信息主要由类目、标题、品牌、商品属性、规格（销售属性）、价格、库存、SKU 信息（属性、毛重、长宽高等）、商品图、商品详情描述、物流信息等组成。至于经常看到的服务标签（分期、极速退款）、商品标签（热销）、活动标签（满减、优惠券）、价格标签（拼团价、活动价）、同类商品等都是商品信息的标签，需要另外定义，后面的章节会提到。

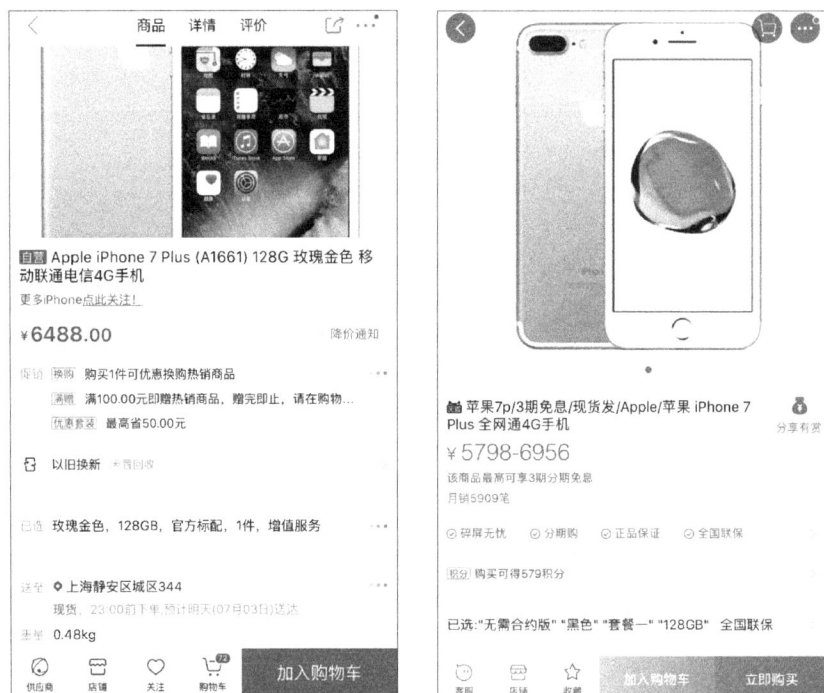

图3-11 京东（左）与天猫（右）的商品详情页

后台在编辑商品信息时，设置存储的也是这些内容：类目、标题、品牌、商品属性、规格（京东定义为销售属性）、价格、库存、SKU信息（毛重、长宽高等）、商品图、商品详情描述、物流信息等。

【规格、价格信息】

需要注意的是，在设置规格时（例如设置如图3-12所示京东的商品规格时），主要包括颜色、尺寸，为了支持多样化的用户需求，选择之后可以编辑规格。规格一对一确定之后，可单独设置价格、库存、商家SKU，淘宝或天猫上亦可添加条形码（69码），也可以设置统一价、统一库存。填写商家SKU主要是为了方便对应到具体的SKU。对于自营电商，这里填写的就是SKU编码，库存无法设置，直接同步仓库中的SKU库存。系统中的SKU名称和商品名称是有区别的，SKU名称是方便在系统中进行管理流转，而商品名称有一定的营销性质。

颜色：　　　　　　　　　　　　　　　　　　　　　　　　　　　　　　　　管理属性值

☐ 红色　　　　　　☐ 深红色　　　　　☐ 橙色　　　　　☐ 黄色　　　　　☐ 浅黄色

☑ 随便设置　　　　☐ 绿色　　　　　　☐ 浅蓝色　　　　☐ 蓝色　　　　　☐ 深蓝色

☐ 浅紫色　　　　　☑ 紫色　　　　　　☐ 玫瑰红色　　　☐ 粉红色　　　　☐ 卡其色

☐ 茶色　　　　　　☑ 褐色　　　　　　☐ 军绿色　　　　☐ 天蓝色　　　　☐ 荧光色

☐ 白色　　　　　　☐ 浅灰色　　　　　☐ 灰色　　　　　☐ 黑色

尺寸：　　　　　　　　　　　　　　　　　　　　　　　　　　　　　　　　管理属性值

☐ 36　　　　　　　☑ 37　　　　　　　☑ 38　　　　　　＋添加

颜色	尺寸	*京东价		*库存		商家SKU(可不填)
草绿色	37	100	元	10	件	SKU1
	38	200	元	10	件	SKU2
紫色	37	150	元	30	件	SKU3
	38		元	40	件	SKU4
褐色	37		元	10	件	SKU5
	38		元	20	件	SKU6

*库存量：　120

图3-12　京东商品规格

平台上会针对商品设置平台价和市场价，如图 3-13 所示。平台价（即图中的京东价)主要是当商品具有不同规格、价格时,出现在搜索、筛选列表中只显示一个价格,相当于商品的均价。毛重、长宽高等数据主要是为了物流而设置的,自建仓库的自营电商一般在 SKU 数据层就会录入这些数据,直接调用。货号即商品编码,在商城购物时会扫描的条形码就是货号。货号不等同于 SKU 编码,同一商品编码的商品可能是不同 SKU,有着不同的规格,所以不能直接拿货号来管理 SKU。

商品信息

提示：价格的发布和修改可能会有延迟，如果出现敬请谅解

*京东价：	元	*商品毛重：	公斤	货号：	
*市场价：	元	*[包装]长：	mm	产地：	
折扣：	%	*[包装]宽：	mm	UPC编码：	
成本价：	元	*[包装]高：	mm	密度：	g/cm3

图3-13　京东平台上的商品信息

【商品图、商品详情描述、物流信息】

除了不同规格对应的商品缩略图，商品图还包括商品主图，一般要求图片质量较高，包括整体图和细节图。商品主图是吸引顾客眼球的必要利器，不论是列表页，还是活动页，顾客除了关注价格，主要就是商品主图，运营上架时需慎重选择商品主图。

商品详情页现在一般会区分电脑版和手机版，由于两者的使用场景和设备不同，侧重点也不相同。为了更好地展示产品特点，可提供不同的产品详情模板，亦可支持富文本编辑。

选择运费服务时，要选择对应的物流模板（包邮、按重量、按件数等），在订单处理方面是按照具体的物流模板计算运费。运费模板计算较为多样复杂，后面有章节专门讲述物流运费。

【其他】

还有关于商品的一些信息完善，主要包括售后服务（发票、保修服务、退换货）、包装清单等相关说明。设置完商品基本信息之后，设置上下架时间，亦可直接上架发布。和商品相关的活动，一旦商品下架，活动将失效，无法购买。搜索、筛选的商品范围都是在上架的商品范围进行。

3.6　商品管理

在商品上架发布之后，日常维护主要包括：上下架管理、价格管理、促销活动、商品标签、商家管理、销量、评论、库存、限购等管理。后台商品管理界面通常如图 3-14 所示。

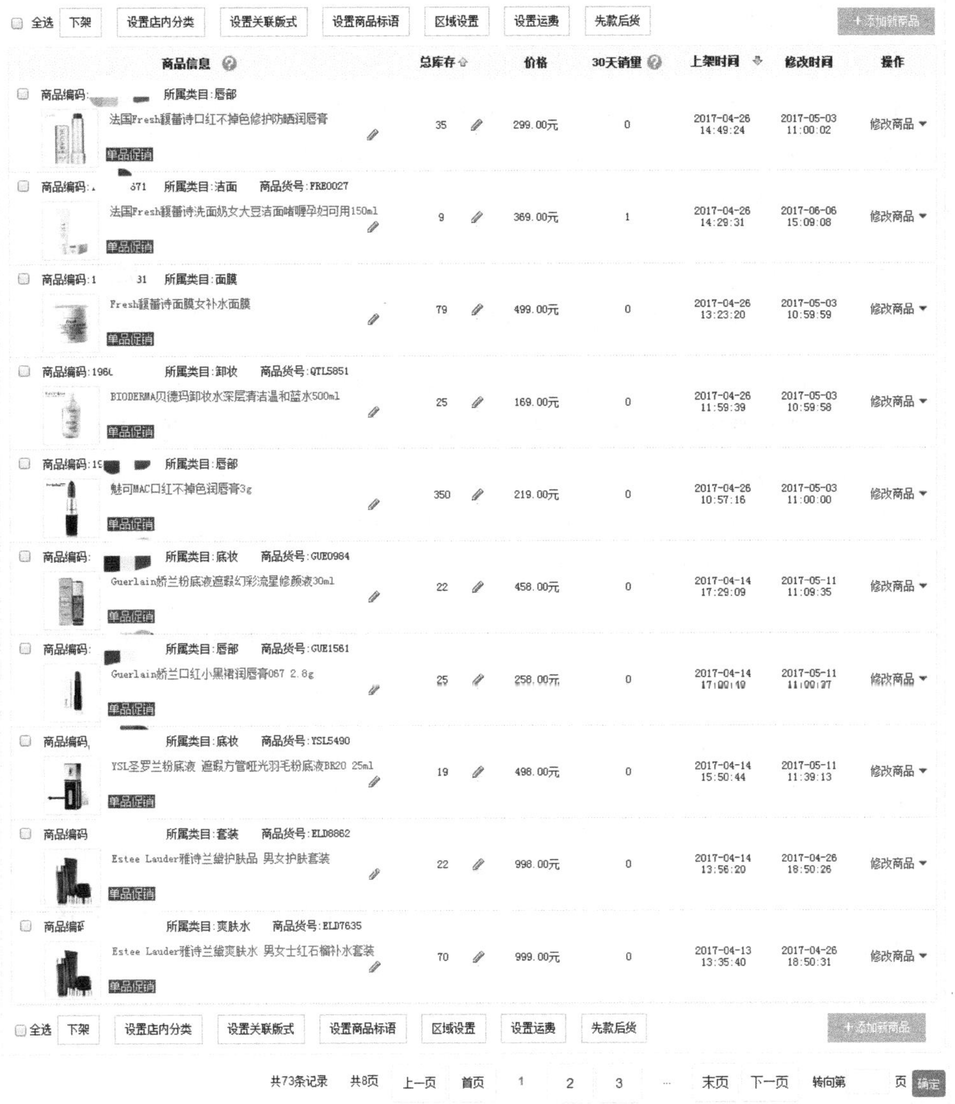

图3-14　商品管理

（1）上下架管理：在商品管理中一般分为两个子菜单管理——在售商品管理（上架商品）和待售商品管理（下架商品）。管理功能包括：商品可进行批量上下架；可设置自动下架规则，在缺货（库存为 0）时自动下架商品；新品上架可定时发布；活动商品定时上下架等。

（2）价格管理：商品价格管理的影响因素很多，对商品销售至关重要。市场价、平台价的设定，从单品促销活动中同步促销价。还有多规格商品的不同 SKU 的价格不一致。在价格管理时，有些电商还会去爬虫收集其他平台在相同商品的价格，以便于在调整价格时的参照。至于动态调价系统，需要制定调价规则，日常生活接触最多的应该是机票、酒店的售价。

（3）促销活动：同步商品参与的促销活动（满减、套装、优惠券等促销活动），在前端商品页面（分类搜索页、详情页）中显示促销的活动，可以参考图 3-11 所示。

（4）商品标签：包括活动标签、服务标签、性能标签等类型。诸如极速退款、门店自提、分期付款等是服务标签；热销、新品等是活动标签；正品等是性能标签。有的标签在商品编辑的时候添加；有的标签可以按品类、按店铺批量设置。有的标签需求在订单中体现，例如服务标签中的分期付款等。商品标签在前端或主图的角标上显示，或是在商品详情页中显示。

（5）商家管理：管理平台上各个商家的商品，例如违规下架。另外也负责对商家的商品进行审核。

（6）库存管理：同步仓库的实物库存或自设活动库存等。后面章节会详细讲解库存问题。

商品管理还包括统计商品的销量、对一些促销商品的限购、管理商品评论、收集用户对商品的感受。以上每一个模块都可以做得很完善，对商品模块都有较为重要的作用。

3.7 商品搜索及筛选

【商品搜索】

搜索是通过对关键词的匹配，对目标内容进行检索查找。搜索是快速找到信息的工具，也是流量的入口。商品搜索可以帮助用户快速找到自己想要的商品。当用户开始搜索时（比如输入某个类目、某个商品关键词等），搜索引擎会在得到口令后，按照搜索规则从海量的商品库中寻找用户最想要的商品。

搜索是属于技术要求较高的功能，本节主要从产品角度分析商品搜索及筛选功能。搜索涉及的主要有 PC 端、移动端、H5 商城的搜索页面，商品列表页，店铺搜索等。

商品搜索和其他搜索系统相同，为了覆盖海量数据、超快速查询、快速响应，需要从商品中心、库存系统、营销系统、订单系统等多个数据库进行抽取相关数据，同步更新至搜索数据库中。

商品搜索的业务流程主要如图 3-15 所示：先输入关键字，进入分词服务，开始数据查询，获得搜索排序，最后搜索结果输出。

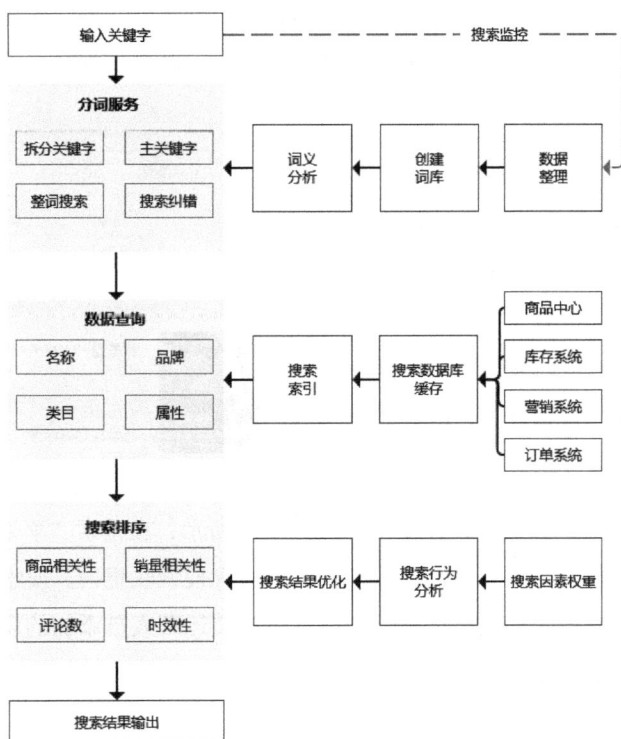

图3-15　商品搜索业务流程图

1. 分词服务

在搜索框中输入关键词，单击"搜索"按钮后，搜索引擎即对搜索词进行处理，比如中文分词处理，会判断是否整合类目属性信息，判断是否有拼写错误或错别词等情况。搜索词的处理必须十分快速。

根据用户搜索日志、品牌名称、属性、类目或人工设定等数据构建搜索词库，定期更新和维护。系统会根据搜索的关键词结合词库按字切词、索引，保证查全率，将用户搜索内容拆分出多个关键词。例如："夏季真丝连衣裙"会被拆分为"夏季"、"真丝"、"连衣裙"三个关键词。

在搜索过程中，根据之前买家的浏览习惯，同一搜索词的大量用户行为数据很容易聚焦在相应的热点类目，从而判断该关键词的第一展现类目，比如"手机"的搜索行为会集中到手机类目，而不是配件类目。另外根据中心词的相关属性词去判断类目，比如说搜索词为"苹果"、"苹果6s"、"新鲜苹果"几种情况，虽然系统判断的中心词都是苹果，但是因为属性词的不同，所以会判断推送不同的第一展现类目。

另外搜索过程也存在纠错，主要有拼音纠错、错别字纠错等，如图3-16所示，当搜索"nuojiya"时，会显示"诺基亚"相关商品。纠错主要通过建立错词与正确词的映射关系表，在搜索的时候替换。数据来源主要有用户搜索词、搜索日志、运营部门人工更新等。

图3-16 搜索纠错

在商品搜索时会出现搜索联想词。如图3-17所示，在搜索"苹果"时，搜索下拉提示会主动提供"苹果7手机"、"苹果5s"等搜索联想词。搜索下拉提示的数据来源主要是用户搜索词及搜索日志，或者由相关运营人员添加的联想词，按照搜索词相关性和热度来进行排序。

2. 数据查询

对搜索词处理后，搜索引擎程序会从索引数据库中找到所有包含搜索词的商品。

商品搜索时，主要是从商品的名称、品牌、类目、属性等数据中查询。识别分词与类目关系，与商品名称、品牌相关性，与关键属性、销售属性的相关性，从上架的商品中根据搜索排序规则返回商品。

3. 搜索排序

搜索排序的因素主要分为四类：商品相关性、销量相关性、评论数、时效性等。

（1）商品相关性：主要是标题、类目、属性等因素的综合权衡。

（2）销量相关性：主要是考虑销量、价格等因素。销量可以取某一时间段（通常为最近 7 天）商品销售数量。价格则倾向于取同类

图3-17 搜索下拉提示

商品的常用价格区间，例如男裤的常用价格区间是 200 ~ 500 元，价格在这一区间内的商品就排在前面。

（3）评论数：主要是计算商品的好评度、评论数。

（4）时效性：参考商品最近上架时间、最新更新日期。

综合各种相关性因素，综合算出的排序分值对商品进行排序。在商品搜索排序中还会有个性化推荐因素，会根据用户消费轨迹、所在地区来进行个性化推荐。例如根据个性化原则，不同地区的人搜索相同的关键词，当地的店铺会优先展示。另外，根据买家的消费主张和浏览轨迹，会给买家贴标签，比如当笔者搜索"牛仔裤"的时候，出现的搜索结果都是高客单价的男性牛仔裤。

前面讲到过，搜索相当于流量入口。对一些特大的电商平台（比如天猫）来说，搜索规则的设定对店铺运营和客单量有着很大的影响，对搜索规则的定义和平衡更加复杂，会加上一些店铺的维度，增加评级高的店铺商品权重。

【商品筛选】

在商品搜索结果页，或者选择类目进入时，在结果页中都会有相关的商品筛选条件，如图3-18所示。商品筛选能够建立用户与目标商品的更短路径，从而加快决策进程。商品筛选条件主要有价格区间、品牌、服务、分类、商品属性等。

（1）价格区间主要是让用户选择目标商品的价位区间，并且提供一些常用的价格区间选择。现在淘宝、天猫、京东都对一些常用关键词的推荐价格区间做了一定的数据处理，例如提示43%用户会选择279～432元的价格区间。

（2）品牌筛选是从搜索结果商品中聚类选择出常用品牌，提供给用户进行选择。聚类一般是根据搜索结果中的品牌商品数生成，品牌根据热度或人工定义规则排序。

图3-18　手机移动端的搜索结果页条件筛选

（3）服务筛选是指商品的服务标签，例如京东自营、分期购、次日达、天猫与淘宝等。

（4）分类和商品属性密不可分。在搜索时，匹配的商品往往不是从某单一类目中选择，而是从多类目中选择，但是商品属性又跟随类目变动。所以商品属性条件往往是从与搜索关键字契合度最高的类目中选择的。例如在搜索"苹果"时，结果商品会从手机、水果、手机配件、电脑等许多类目中选择，但是商品属性条件是从手机类目中选择。当我们筛选时，将分类条件修改成水果，结果页中的属性也会随之变动。

在搜索引擎中，相关属性的筛选排序需要另外定义设置，不是所有的关键属性、销售属性都会添加到筛选条件中，也不是按照添加商品填写的顺序来排序，而是根据用户习惯来定义。筛选使用越多的属性，排序越靠前。

在搜索类目时，有时需要用户选择类目，如图 3-19 所示。在搜索二级类目时展示二级类目，同时给出三级类目选择，按照类目数量排序，可点击进入三级类目进行属性筛选。当搜索品牌时，无法聚类到某一类目下，也可以显示多个三级类目让用户选择。

图3-19　搜索匹配多类目可选择分类

商品搜索与筛选密不可分，涉及的数据非常多，做起来可深可浅，功能的丰富度要从业务需求出发。作为产品经理，要衡量开发成本和平台需求。

3.8　商品推荐

在电商网站里进行商品推荐，可以提高整个网站商品销售的有效转化率，增加商品销量。通过用户已经浏览、收藏、购买的记录，更精准地理解用户需求，对用户进行聚类、打标签，推荐用户感兴趣的商品，帮助用户快速找到需要的商品，适时放大需求，售卖更加多样化的商品。甚至在站外推广时，能够做个性化营销。

商品推荐分为常规推荐、个性化推荐。常规推荐是指商家选择一些固定商品放在推荐位，或者基于商品之间的关联性，进行相关的商品推荐。例如：在用户买了奶瓶之后推荐奶粉。个性化推荐指基于用户购物习惯，根据商品特性来进行推荐。例如"看过此商品后的顾客还购买的其他商品"推荐项。

电商系统中的商品推荐位一般有：首页运营 Banner 最底部的位置（"猜你喜欢"或"为你推荐"）、购物车最底部的位置（"猜你喜欢"或"为你推荐"）、商品详情页中部（"看了又看"、"买了又买"、"为你推荐"等）、用户签到等位置。还有这两年兴起的内容电商，通过社区做内容来提高转化率。

【常规推荐】

常规推荐的商品不会因为用户不同产生差异，主要是根据运营配置的活动或固定商品（商品精选）。除了在固定推荐位选定某些商品进行配置，例如选取 10 件固定商品放在签到页进行推荐，还有一些固定规则的动态配置商品，例如图 3-20 所示的商品销量排行榜、商品收藏排行榜、某品类的销量排行榜（图书类目就有许多排行榜），这类根据浏览、收藏、销售数据做的商品统计在常规推荐时会经常用到，对用户的消费决策影响也比较大。

近两年崛起的内容电商也属于商品推荐的一种，很多平台都开始在内容上发力，越来越多的消费者在看直播、看自媒体文章、看帖子的过程中购买商品。例如淘宝的微淘、京东的觅生活（Meelife）、小红书等。

在移动互联网形态下，用户目的性较强的商品浏览逐渐减少，更倾向于活动推荐或个性化推荐。但简单的商品列表和标语描述的冲击力已然不够，内容电商将商品嵌入到文案或者视频中，通过详细的描述消费感受和商品特点，激起用户的同理心，这样的购物消费更容易产生冲动性消费，而非计划性消费。

在内容电商中，除了平台商家自己产生内容，还应允许用户产生内容（User Generated Content,

图3-20 商品排行榜

UGC），并且对之进行激励。内容形式有长图文、视频推荐、直播推荐等多种，在内容中嵌入商品购买入口，在浏览时可以直达商品，增加购买转化率。对内容进行分类打标，可以缩短用户查找的路径。建立内容社区，提供评论、关注、种草（收藏）、赞赏等多种互动方式，增加用户黏性，提供分享到其他社交平台（微信、微博等）的功能。在内容中尽量推荐统一风格或同一场景的商品，增加商品之间的关联性。

随着货架式电商时代逐渐过去，内容电商推荐的优势逐步凸显，特别在垂直行业，如美妆、母婴等，内容电商为中小型电商公司突破流量黑洞提供了机会。

【个性化推荐】

电商推荐系统将收集的用户信息、产品信息及用户画像分类作为系统输入，利用适当的推荐算法和推荐方式，根据用户设定的个性化程度和信息发送方式，给用户提供个性化商品推荐。用户对推荐结果的点击浏览、购买的反馈结果，又可以作为优化系统推荐的参考。

完善的推荐系统一般由四部分组成，按照"采集"、"分析"、"推荐"的步骤，分为四大模块：采集用户信息的用户行为记录模块、分析用户喜好的用户行为分析模块、分析商品特征的商品分析模块，以及推荐算法模块。用户行为记录模块负责采集能反映用户喜好的行为，例如浏览、购买、评论、问答等；用户行为分析模块通过用户的行为记录，分析用户对商品的潜在喜好及喜欢程度，建立用户偏好模型；商品分析模块主要对商品进行商品相似度、商品搭配度、目标用户标签进行分析；推荐算法根据一定的规则从备选商品集合中筛选出目标用户最可能感兴趣的商品进行推荐。个性化商品推荐的图示结构如图 3-21 所示。

用户画像是根据用户特征（性别、年纪、地域等）、消费行为习惯（浏览、购买、评论、问答等）等信息进行抽象化，建立标签化的用户模型。构建用户画像的核心工作即是给用户"贴"标签，而标签是通过对用户行为记录分析而来的高度精炼的特征标识。推荐系统的难点，其中很大一部分就在于用户画像的积累过程极其艰难。用户画像与业务本身密切相关。在用户标签足够丰富并且多的时候，就可以对用户聚类，例如用"A/B/C/D 等"几种典型用户画像来代表商城的目标用户，还可以将新用户进行归类这些典型用户画像中。

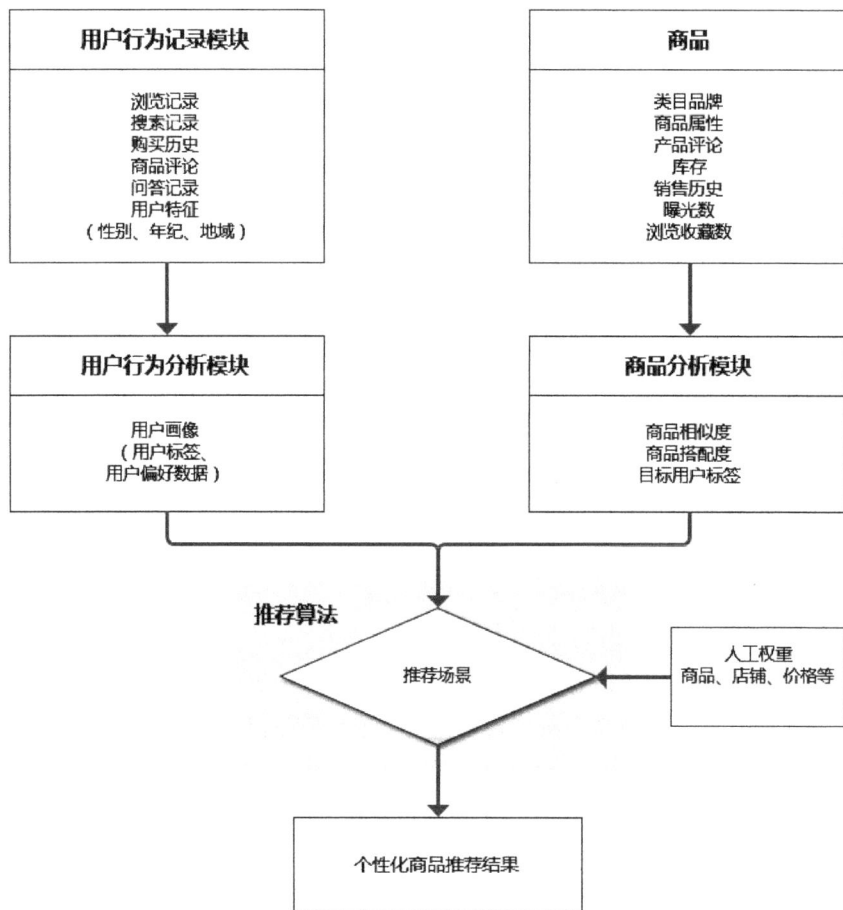

图3-21　个性化商品推荐

商品分析模块主要根据商品的类目品牌、商品属性、产品评论、库存、销售记录、订单数据、浏览收藏、价格等数据来分析商品相似度、商品搭配度（可人工调整），并且对商品贴上目标用户标签。

用户画像、商品分析模块的数据都是为推荐算法提供基础数据。商品推荐的算法有很多种，需要根据推荐结果反馈，不断优化模型。有时候还需要考虑人工因素的权重，例如自营商品排在前面、评分高的店铺优先推荐等。在推荐商品时，还有一些特殊推荐："购买此商品的顾客也同时购买"、"看过此商品后顾客购买的其他商品"、"经常一起购买的商品"，都是基于商品进行的推荐。

需要注意的是，如果完全按照用户行为数据进行推荐，就会使得推荐结果的候选集永远只在一个比较小的范围内，所以在保证推荐结果相对准确的前提下，应按照一定的策略，去逐渐拓宽推荐结果的范围，给予推荐结果一定的多样性。

在大数据时代，商品推荐模块虽然在一定程度上进行了精准营销，以提高商品转化率，但是与推荐的准确性有些相悖的，是推荐的多样性。有时候会出现推荐混乱的情况，并且引起用户反感。例如某用户曾经浏览过某款电视，结果后台系统连续一个月都给该用户推荐这款电视；甚至更糟的是，在某用户购买过手机之后，后台系统还不断向该用户推荐其他手机。出现这种问题，主要是因为推荐算法做得不够到位。在很多用户行为数据没有收集处理、商品关联度没做好的情况下就盲目推荐商品。

3.9　商品评价

商品评价在电商系统中是很常见的模块。对用户来说，可以把用户在购买后对商品、服务、物流等相关信息的感受写出来，为其他用户提供购买决策，减少购物成本。对平台来说，有质量的评价有助于降低退货率，提高优质商品的转化率，并且构建商家信用评价体系，合理分配平台资源，甚至帮助优化搜索。

如图 3-22 所示，在订单中进行评论时主要有两个维度：订单整体和商品。从订单整体上讲，主要对订单的物流服务、服务态度等进行打分；从商品讲，除了评分，就是详细描述。评价的方式有图片、文字等形式。

图3-22　商品评价

用户评论之后，对应商品评论的处理主要有以下几点。

（1）商品评论筛选。过滤恶意差评，对关键字筛选（脏话、广告等），对出现敏感词汇的评论直接过滤或人工审核。

（2）分级显示商品评论（好评、中评、差评），统计商品好评度，并提炼评论中的关键词（如手机评论中的"外观漂亮"、"系统流畅"、"屏幕大"，或者有图等）。

（3）根据商品评论和服务评论对商家店铺进行评级。需要制定严格的规则，避免商家刷信誉或者用户恶意差评影响店铺级别。

3.10 小结

商品中心后端属于基础数据，是电商系统的核心，会被许多子系统调用，对于电商公司来说重中之重。另外由于商业模式的区别，平台电商提供的商品服务与自营电商自己的商品服务有着很大不同。

很多电商公司业务定位都是 B2B2C，为了扩充 SKU、增加用户量，或者构建平台体系，都会允许第三方来平台管理商品，类似京东、淘宝，这类平台的商品结构更加复杂，SKU 需要增加所属商家，商品详情、属性值、库存都需要相互独立，在 SKU、SPU 纬度上会增加商家纬度。各模块都有极大的扩展空间，特别是商品搜索、推荐，产品经理要根据平台需求来权衡系统复杂度。

第 4 章

促销系统

促销是最常见的电商运营手段，每到重要节日，比如双 11、618、情人节等，商家在线上或线下都会展开疯狂的促销大战，各大电商通过丰富的活动形式（限时特价、满减、满赠等）吸引消费者，好不热闹。发展至今，促销已经成为电商行业的新常态。

电商网站的促销方式脱胎于线下实体商业，青出于蓝而胜于蓝，促销规则复杂多样，不仅把优惠券玩出花，还有满减、满赠、限时特价等形式，甚至还有拼团、定金预售，结合购物车，对客单价、客单量的提升有很大帮助。促销系统作为促销活动的基础支撑，对电商网站运营至关重要。

4.1 促销的目的

每次逛电商网站，不论淘宝、京东等大型平台，还是网易考拉、小红书等跨境电商，总有一大堆促销活动。如果打开哪个电商网站没有促销活动，都会产生这家网站运营出问题的错觉。在国内竞争激烈的电商行业中，促销活动是日常运营的重要部分。特别是中小型电商企业，如果资金充足，恨不得每天做活动。那么大家为何如此热衷于促销活动呢？促销活动有很多现实价值。

（1）拉新。促销活动可以带来新用户，尤其是用户较少的新平台、新店铺，通过这种方式来吸引用户。

（2）去库存。通过活动可以清理库存，降低库存占用成本。

（3）扩大品牌知名度。结合广告做促销能够扩大品牌知名度。

（4）推新品爆品。很多商家大力做活动来推新品或者爆品，增加店铺流量，同时也能给其他商品带来曝光的机会。

（5）与其他平台竞争。现在有许多人造购物节，例如双 11、618，许多电商平台或商家，主动或被动都要参加促销活动。

（6）提高客单价、客单量。在优惠券、满减满赠等活动的催化下，用户不自主地都会去凑单购买，增加购买金额，同时产生许多额外的购买行为。

在策划促销活动时，应提前对运营活动成本进行核算，以及预估活动效果，选择最合适的促销手段。在活动结束后，进行活动复盘，一是针对各渠道的投入进行分析，合理改善活动开支，二是要对整体活动的价值进行分析，判断投入产出比是否健康。

如果活动周期较长，在活动期间可以进行"A/B Test"，在不同时间里或不同渠道中执行不同的促销手段，通过对比查看最优的促销方式，在其后的活动中，调整最优的手段来进行促销。

在进行促销活动的产品设计时，应根据业务情况制定优惠规则和策略，各种优惠之间确定明确的边界。例如一款商品如果已经参加了满 200 减 20 的促销活动，那么再参加满 200 送赠品的活动就不太合适，尽量从系统层面就避免出现这种设置。

在前端显示优惠信息时，不但应该展示清晰、提醒友好，还应能链接到同类活动的其他商品，刺激用户的消费需求，引导凑单下单。应提供多样化的促销方式，避免单一促销方式给用户带来的疲惫感。

促销活动是一把双刃剑，国内的电商行业已经陷入了不断促销的怪圈，大量促销也严重拖累了毛利率和利润表现。频繁促销也扰乱了品牌定位，对品牌定价造成无法预估的风险。对用户来讲，也催生了许多无用消费。以笔者自己为例，发现自己买过太多的东西，而仅仅是因为网店在打折促销。

电商行业市值第一的亚马逊很少有国内这么常见的促销。只有靠用户体验来赢得用户，而不是靠低价促销争取客户，这才是电商平台健康发展的长久之道。促销低价的商品售卖模式，在商家和用户中最佳的平衡点是使用户买到放心、好品质、低价的商品，商家能够处理库存，薄利多销，促进店铺或平台健康发展。

4.2　促销形式概览

电商从业者从实体商业中不断汲取养分，基本将线下的促销活动形式都搬到了线上，甚至相对于线下，还玩出了许多新花样。在促销系统中，除了满减满赠等促销活动，笔者将卡券形式的优惠券、拼团的团购方式也归为促销系统中，这些都属于促销的范畴。下面具体介绍一下不同的促销形式。

促销有多种形式，目前电商系统能够支持的促销形式大致总有 7 种：满减促销、单品促销、套装促销、赠品促销、满赠促销、多买优惠促销、定金促销。（相比于满减、满赠等促销活动，优惠券、拼团等促销形式的功能更加独立，扩展性较强，后面会单独讲解。）这 7 种促销形式几乎囊括了各电商平台所有的促销方案，特别提一下"定金促销"的形式在 2016 年双 11 开始广泛应用，对电商供应链的备货和物流控制大有益处。

（1）满减促销：购物者只要购买相应商品到规定价格即可得到一定的减价优惠。主要有两种形式：阶梯满减和每满减。阶梯满减，例如满 100 减 10、满 300 减 50、满 500 减 80 等；每满减，指订单金额每满规定金额就减免一定金额，比如设置每满 100 减 10，那么订单金额 230 元就实付 210 元。

（2）单品促销：在特定时间内购买指定商品享受一定的价格优惠。例如促销期间商品 6 折，那么原价 100 元的商品，购买时就 60 元。

（3）套装促销：商品组合套装以优惠价出售。例如 A 商品 50 元，B 商品 80 元，而 A 和 B 两种商品的套装促销价 100 元。

（4）赠品促销：购买主商品之后赠送商品（可多个赠品）。

（5）满赠促销：购买商品金额满 X 元后送某商品，或者购买商品金额满 X 元后再加价 Y 元送某商品。这种形式与赠品促销的区别在于该形式以相应商品订单的价格来区分，可分阶设置，例如满 300 元送自拍杆，满 500 送充电宝，满 1000 送高端耳机等。

（6）多买优惠促销：有"M 元任选 N 件"、"M 件 N 折"两种优惠形式。这个主要是参考一些线下卖场发展的促销形式。

（7）定金促销：在商品正式售卖之前采用预付定金的促销模式，提前交定金可享受优惠价。定金促销有多种玩法：定金预购，相当于交定金就已经确认订单；定金杠杆，交一定金额的定金可以在正式购买时抵更多金额，比如交定金 10 元未来可抵 30 元。

另外说下优惠券和拼团。

优惠券也是一种常见的促销手段，引导用户购买相应的商品，在下单的时候抵扣一定的费用，达到促销、提高客单价的目的。优惠券有满减券、折扣券、现金券，甚至还可以直接兑换成平台消费积分，可抵现金使用。

对于不同类型的优惠券，实际运营中有许多种玩法。商家一般主动向用户群发优惠券，并适度提醒，来促进用户消费，例如笔者经常收到 APP 推送或者短信，告知获得了某某优惠券，于是点击链接去购买商品。还有平台用优惠券来拉新和促活，利用社交网络的传播条件，提供给用户优惠信息并鼓励用户进行传播和分享。例如在外卖平台下单之后，分享红包链接到朋友圈或群里，其他好友就可以通过链接领取红包继续消费。优惠券还能够在用户之间流通，增加社交属性，例如支付宝中领取优惠券之后还可以共享给好友进行使用，先用先得。

拼团是拉新、引流的利器，特别是在移动社交的环境下。拼团模式就是在微信中逐步成长起来的，最典型的就是拼多多。通过开团、参团、分享的模式在社交圈中快速传播，而且利用熟人关系链间订单转化率高，可以迅速拉新，特别是群聚效应下可快速成团。

不同的促销模式都有最适合的应用场景，也能衍生出不一样的玩法，组合在一起的时候，营销效果会更好。

4.3　促销活动规则

在进行促销活动产品设计时，除了基础的促销活动设置管理，还应考虑促销活动在前端页面显示的样式，包括在活动聚合页面、商品详情页、购物车、订单页中的显示。此外还应该考虑活动商品在订单结算时的计算规则，优惠分摊。

【活动设置】

促销活动在设置时主要分为三部分：基础设置、促销规则、活动商品，如图 4-1

所示。这三部分内容缺一不可，基础设置包含了促销活动的一些基本信息；促销规则确定了促销的计算规则；活动商品圈定了促销活动范围。

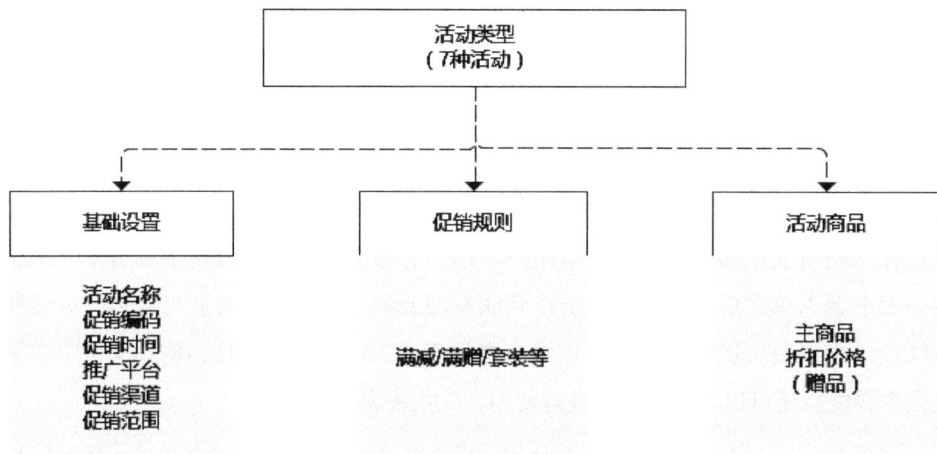

图4-1 促销活动设置

1. 基础设置

促销活动的基础设置主要包括活动名称、促销编码、促销时间、推广平台、促销渠道、促销用户范围、推广链接等内容。

（1）活动名称：由用户自己设置，可设置副标题。

（2）促销编码：系统自动生成，相当于活动的唯一码。

（3）促销时间：设置活动生效的时间段，只有这个时间段内前端活动标签显示出来。如果像单品促销这种类型，可以选择提前显示，页面详情中通过倒计时等特殊显示来标记。

（4）促销渠道：一般电商平台都有 APP、H5 商城、PC 商城，可以选择促销活动的渠道，比如经常见到的 APP 专享价。

（5）限购数量：默认不限购，如果需要设定限购数量，则应分两个维度。从单个用户来讲，要设定单个活动商品限购多少，起售数量是多少；从总体活动来讲，要设定分配给此次活动的商品库存数量，是全部库存参与活动，还是从中只取部分数量参与活动。后面在库存模块中会详细解说库存的设计。

（6）促销用户范围：主要指用户范围是全部用户，还是新用户（第一次发生购买行为），或者只有指定的用户等级才可以享有活动资格。用户等级主要由会员系统模块来界定。

（7）推广链接：在建立活动后，应生成专属活动、专题页面，自动生成活动链接。活动页面配置可与活动设置分开，详见第 5 章"内容管理"相关内容。

2．促销规则

针对不同类型的促销活动，都有不同的活动规则，在进行产品设计和订单计算时也会有所区别。下面针对不同的促销活动类型进行分析。

（1）满减促销

满减促销主要是驱动用户凑单买更多的商品。主要有两种形式：阶梯满减和每满减。阶梯满减是指分级设置优惠金额，例如满 100 减 10、满 300 减 50、满 500 减 80 等。每层之间要增加判断逻辑，例如如果设置"满 100 减 20"，那么显然再设置"满 200 减 10"就不符合常理。每满减，也是分级设置优惠，不过规则较为简单。例如设置"每满 200 减 20"，则订单金额 230 元实付 210 元，订单金额 430 元实付 390 元。

（2）单品促销

单品促销很简单，可显示折扣或直接设置商品促销价格。例如显示促销商品"8 折"，或者显示"原价 100 元、促销价 80 元"。促销价不能高于正常售卖价。

（3）套装促销

组合商品套装出售。注意组合的是商品，而不是 SKU。例如电视 5000 元，电视支架 200 元，套装购买 5100 元。这种形式有点类似组合 SKU，只是实现方式有所区别，可参考第 3 章"商品中心"。选择套装商品的同时设置套装优惠价。套装促销的商品在商品详情页显示相关套装促销活动，例如电视商品详情页显示电视与电视支架套装的促销价。

（4）赠品促销

购买主商品之后赠送商品（可多个赠品）。既要选择主商品，也要设置赠品。

获得赠品的条件有两种方式，从主商品中任意购买都可以获得赠品，或从主商品中购买 N 件以上可获得赠品。对于赠品，也有多种赠送方式：全部赠送或者选一件赠品。这种赠品促销的方式在现实生活中比较常见。

（5）满赠促销

满赠促销与赠品促销的区别在于，满赠促销以订单中主商品的价格来区分，可分阶设置赠品或者加价购。有"满 X 元送某商品"、"满 X 元再加价 Y 元送某商品"两种形式，后者例如满 1000 元加 10 元送智能音箱。在设计时同样要考虑赠品的显示。

（6）多买优惠促销

这种促销方式参考一些线下卖场的活动形式，有"M 元任选 N 件"、"M 件 N 折"两种优惠形式。在设置时，选择对应类型的优惠形式，设置促销规则，例如选择"M 元任选 N 件"形式，让用户在固定商品池中任选 N 件 M 元。当检测到参与多买优惠活动的商品在购物车中或被下单时，应自动将优惠金额计算进订单总额中。

（7）定金促销

定金促销有定金预购和定金杠杆两种常见的模式。定金预购指全款缴纳定金，交了定金相当于就已经确认订单支付完成，只要商品到货就可以直接发货；定金杠杆，指预售期交付一定金额的定金可以折抵更多金额，例如定金 10 元可抵扣 30 元，当商品正式卖的时候恢复正常价格，而交过定金的补齐尾款就行。

定金促销的方式和其他促销方式区别很大。首先在库存上，参与定金预售的商品时单独分配活动库存，不会占用总库存，待商品到位后才会正式扣减真实库存，再往下流转至仓库；其次在订单上，定金杠杆这种类型将订单的支付确认分成了两步，从定金到尾款，在商品正式售卖时，应提醒用户继续支付，完成订单支付。

3. 参与商品

在设置促销活动商品范围时，可选择全部商品或部分商品。有赠品的促销活动还要选择赠品商品。筛选商品时，可根据品类、名称、商品编码等条件来选择商品。

在单品促销、套装促销、定金促销这几种促销形式时，还需要对商品单独设置优惠金额。

【促销活动管理】

在促销活动新建之后，还要对这些活动进行管理。主要的操作包括审核、编辑、删除这三类操作。

（1）审核：新建促销活动之后，由于工作流程上的要求，会在审核通过之后才能生效。

（2）编辑：在活动发布之后，总有一些活动修改的需求，就会允许编辑活动。需要注意的是，活动编辑之后不会立即生效，也会在审核通过之后才能发布，所以修改活动的内容是在类似暂存区进行储存的，不会直接在原内容上进行修改，避免在修改过程中对线上数据产生影响。

（3）删除：也可以称为"作废"，直接终止活动。

另外还有复制活动这一个功能，将某一活动内容直接复制平移。新建的活动只需要在原基础上修改就行。

活动状态有"未开始"、"活动中"、"已结束"、"已作废"等，不同状态的活动对应不同的操作。

【参与促销的订单计算】

涉及促销商品计算的主要有两个地方：购物车和订单计算。首先判断选中商品是否参与促销活动；其次再判断是否满足促销条件，根据促销规则计算出订单金额；最后还要判断是否可与其他优惠同时享用，比如大部分优惠是不支持与优惠券共用的。

在商品参与多种促销活动时，如果发生冲突，一般是按照最优原则，自动选择最佳优惠方案计算。

4.4 专场活动配置

在创建活动时，首先是选择活动类型，然后才进入每种活动的设置页面。

刚刚介绍到的几种促销方式在设计上都大同小异，主要分为活动条件、主商品信息、赠品信息（有些无赠品）这三部分。

【活动条件】

主要包括促销活动名称、促销时间、限购数量、促销范围（全网、APP、微信商城）、会员级别（全员、新注册用户、某等级会员）、活动备注、活动规则。

活动规则即最核心的设置，例如：满800元减60，满3件150元。京东满减规则的设置界面如图4-2所示。

图4-2 京东满减规则设置

【主商品信息】

选择参加活动的商品。可按SPU、分类、品牌等来选择参加促销的商品，如图4-3所示。

除此之外，还要判断当前所选商品是否参与其他促销活动，是否与当前活动有冲突。例如 A 商品参加 4 月的活动，满 400 元减 20 元，如果再次设置该商品参加满 400 减 50 的活动，就与该商品已参加的活动冲突，所以不可设置。

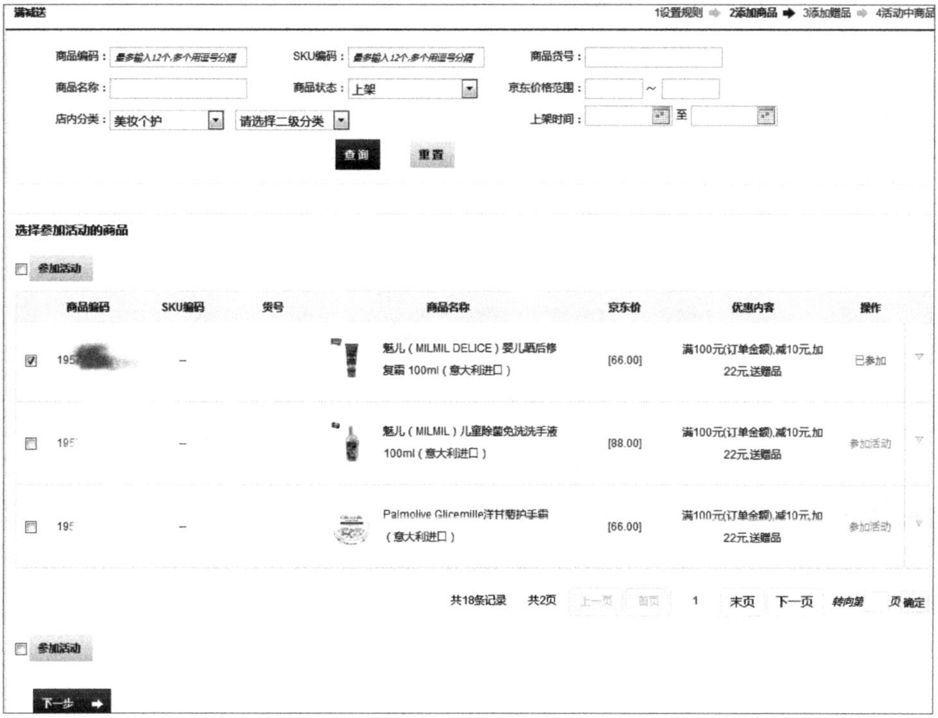

图4-3　京东上设置主商品界面

【赠品信息】

如图 4-4 所示的设置赠品界面，选择参加活动的赠品。赠品一般有数量限制。有两种规则，其一是所有品种赠品全部赠送，其二是在所有的赠品中选择几种。为减少系统复杂度，减少用户理解难度，建议采用赠品全送的规则。

另外对于满赠促销的形式，若要设置分级赠品（例如满 300 元送自拍杆，满 500 送充电宝，满 1000 送高端耳机），就需要对赠品分开进行设置。

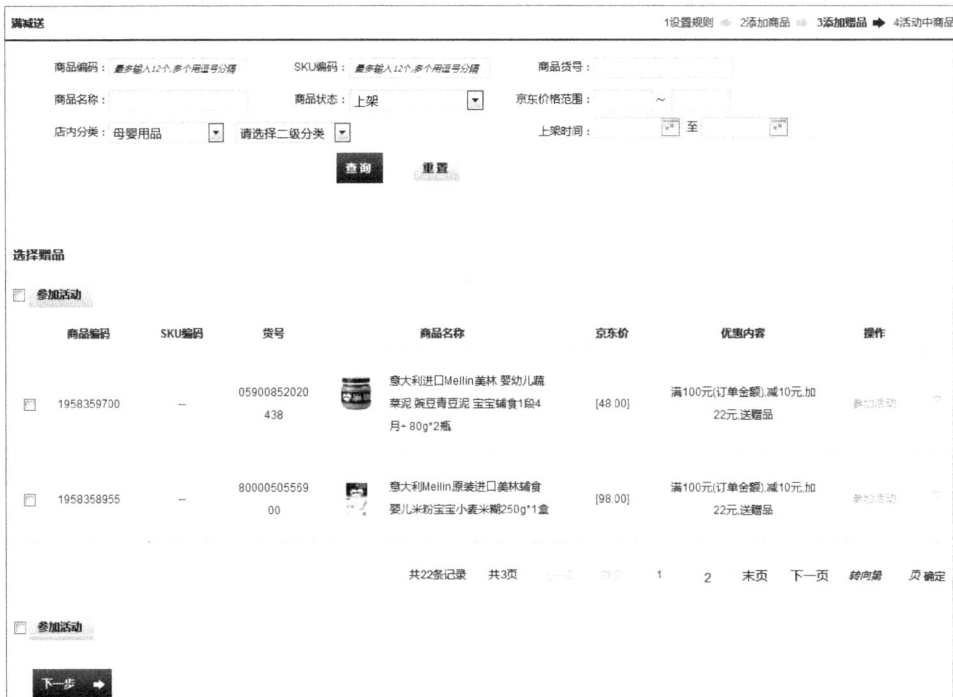

图4-4　京东上设置赠品界面

对于后台产品来讲，活动设置并不难，重点在于设置规则之后在商品详情页、购物车的促销信息展示以及订单页面的促销活动判断逻辑。

【前端展示】

在商品详情页，要去判断商品对应的所有促销活动，例如加价购、满赠、赠品等促销活动，如图4-5所示。

在购物车中，除了可以展示促销信息（满赠、满减、套装、换购）的作用，还可以让用户在多优惠并存而只能选其一的情况下，选择修改促销方案。如图4-6所示，可以在购物车中将满99送赠品的优惠修改成参加满100换购商品的促销活动。

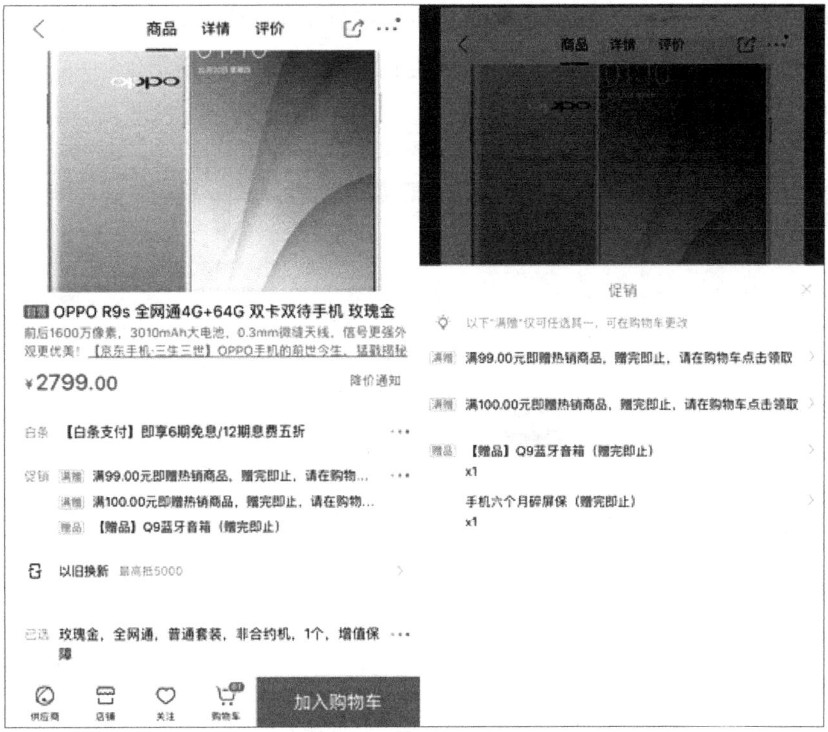

图4-5 京东的商品详情页的促销信息

图4-6 京东购物车中的促销信息

在订单详情页，判断当前所选商品的促销信息（促销价、赠品、换购商品等），将所有相关商品记入订单信息中，再算出促销价格。如图 4-7 所示。

图4-7　京东订单页的促销信息

企业利用各种促销的方法和手段，使消费者了解和注意企业的产品，激发消费者的购买欲望，并促使其最终购买。每年源源不断的促销已经造成消费者对促销麻木，只有在促销与正常销售之间寻找合适的平衡点，才是企业的生存之道。

4.5　优惠券管理

优惠券是一种常见的促销方式，在规定的周期内购买对应商品类型和额度的商品时，结算时会减免一定金额。通过发放优惠券，引导用户购买相应的商品，在下单的时候抵扣一定的费用，达到促销、提高客单价的目标。

优惠券不论在线上还是线下，适用范围都比较广泛。例如滴滴发的专车券、外卖平台发的外卖券、京东淘宝的优惠券等。

【优惠券的类型和应用场景】

优惠券有多种分类方式，按照使用门槛、使用范围、发放主体等有不同的分类。

（1）按照使用门槛分为现金券、满减券、折扣券。

现金券：不限制订单金额，可以直接使用。

满减券：订单金额需要满足一定的最低额度才可使用，例如满100减10元优惠券。

折扣券：使用折扣券在购买相应的商品时可打折。

（2）按照适用范围分为：单品券、品类券、品牌券。

单品券：购买优惠券指定商品时可使用，这种优惠券一般只针对少量特殊商品可以使用。

品类券：购买优惠券指定类别的商品即可使用，除个别特殊商品。

品牌券：购买优惠券指定品牌的商品时可使用，除个别特殊商品。

一般按照品牌或者品类设置优惠券范围是比较常见的方式。

（3）按照发放的主体分为平台优惠券和店铺优惠券

平台优惠券：优惠券由平台发放，可以跨店使用。比如平台活动优惠券、平台注册的新人优惠券、平台积分兑换的优惠券。

店铺优惠券：在平台上的店铺自己发放的优惠券，比如淘宝（或天猫）上的店铺优惠券、京东的店铺优惠券。

平台优惠券的成本由平台和店铺共同承担，在店铺使用时优惠金额由平台返给店铺；店铺优惠券的成本则由店铺自己承担。

【优惠券的设计规则】

根据优惠券的生命周期来设计优惠券是最恰当的。如图 4-8 所示，优惠券主要分为制券、发券、使用、统计等各阶段。

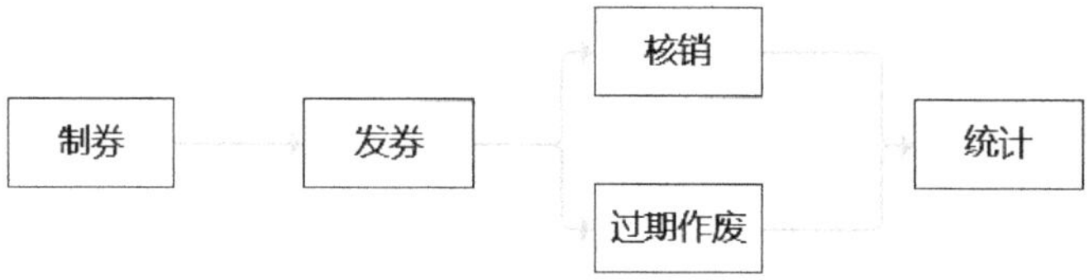

图4-8 优惠券的生命周期

1. 生成优惠券

在生成优惠券时，主要是从优惠券信息和推广信息两方面来考虑优惠券的设计。

（1）优惠券信息。需要考虑：优惠券名称、类型（现金券、满减券、折扣券等）、面值、使用条件（比如满 X 元可用）、使用平台（客户端、H5 商城、主站、各分销渠道等）、有效期时间（绝对时间——具体某时间段、相对时间——领取之日后多少天有效）、发行量（优惠券张数）、使用范围（平台券——全平台通用、店铺券——仅在某店铺可用）、商品范围（全品类、限制品类、限制商品，设置优惠券适用的商品）。

（2）推广信息。需要考虑：发放方式（可发放可领取、仅可发放——只能由平台发放给用户、仅可领取——只能用户自己领取或兑换）、推广范围（免费领取、积分兑换）、优惠券是否公开（设置公开后，在领券专区、商品详情页、购物车都默认展示）、限领（每人仅限一张、每人每天限领一张等）、券领取时间（设置领取时间段）。

在优惠券生成之后，将优惠券显示在优惠券列表中。

2. 发送优惠券

优惠券有主动领取和被动领取两种方式。

（1）主动领取。用户在看到优惠券后主动进行领取。一般来说，用户看到优惠券的场景主要包括以下几种：在店铺首页或者平台上看到优惠券；用户在线下看到宣传推广的优惠券；用户在朋友圈看到优惠券分享链接等。

让用户主动领取优惠券的发放方式需要一定的运营成本，需要打动用户，让其产生兴趣主动领取。另外，这种方式需要做好防作弊机制，防止用户与商户恶意套取优惠券。

（2）被动领取。系统主动给用户发送相应的优惠券，但是这种大面积分发的方式，用户精准度低，转化率也低，促进客单量少。

系统发放优惠券的场景有很多种：比如用户注册、大促活动、客服发券——主要是售后补偿（平台责任导致售后，发券补偿客户），以及好评返现。

除了以上的方式，许多平台电商还有一项业务：大客户团购，主要是给一些特定单位提供的福利卡，本质上也相当于给用户发优惠券，例如京东卡。这种福利卡可以通过优惠券（平台币）的形式实现，生成相应的卡密（或兑换码），制作实物卡售卖给一些单位发福利、送礼。用户输入卡密兑换之后，兑换成平台的交易币（相当于给购物卡充值），可以用来抵扣订单金额。

领取优惠券虽然在前端页面只是简单的一个交互，但是后端有大量的逻辑需要处理。首先要校验用户登录状态，然后读取优惠券信息（是否在有效期、是否可发放、剩余数量），最后将优惠券绑定用户账户上。

3．优惠券核销

在用户下单时，需要系统从用户账户中的优惠券选择合适的优惠券推荐给其使用的。推荐算法一般分为以下三步。

（1）从用户优惠券列表中选择出当前订单可用的优惠券（包括通用券和相应产品优惠券），主要是从有效期、商品范围等条件判断。

（2）若有多种可用优惠券，但是金额不同，默认选择可抵扣最高的优惠券。

（3）如果金额相同，先匹配同类优惠券的优惠券，但当优惠券的额度（现金券）大于支付额度弹出提醒框，确认是否使用。

注意，在用户的优惠券列表中，优惠券是否失效也是实时拉取的（失效时间过久应清除此优惠券），下单时优惠券选择应仅显示当前订单可用的优惠券。

4．优惠券统计

主要统计优惠券的发送张数、使用张数。深度数据挖掘可以统计优惠券对应的客单价、复购率等。

【优惠券的前端展示】

优惠券的前端露出窗口主要有五处：用户优惠券列表、订单提交页、购物车、商品详情页、领券中心（或优惠券分享链接）。如图4-9所示。

图4-9 京东优惠券的前端透出

前端展示的难点在于商品详情页和购物车中展示可用优惠券。需要高效率的算法来计算匹配商品对应的优惠券，主要有两点好处：其一，通过优惠券来促进用户消费；其二，在用户消费时帮助用户省钱。告知用户有优惠可以享受，避免用户下单之后看到相关优惠没有享受到，产生不平衡心理，造成退单。

【优惠券在订单中的处理】

下单时优惠券的匹配在前面已经叙述过，主要是分为三步，详见"优惠券的核销"。这里重点讲解优惠券的逆向流程。在订单完成售后（退款或退货）时，优惠券应有一定的返还机制。有以下多种情况。

（1）统一设置成不可返还，用了之后就不退。

（2）订单中全部退款时，优惠券全部退还。

（3）订单中部分退款时，普通优惠券不返还。

优惠券有着一套很成熟的产品设计方案。介绍之后，笔者再提一个目前绝大部分产品难以解决的问题，供大家思考：基于日常优惠券的使用情况，运营人员如何平衡发放优惠券所带来的成本增长、商品销量增长和单品毛利下降之间的矛盾？在申请促销活动经费时，怎样的数据更具说服力？

4.6 拼团

团购模式有很多种，例如美团中的团购券，可以不限量购买；还有拼多多的实物团购、拼团购买。本节主要介绍的就是这几种拼团模式。

拼团是拉新、引流的利器，选取性价比高、实用性强的商品，通过在社交圈中分享快速传播，利用熟人关系间订单转化率高，可以迅速成团，顺便拉新，特别是群聚效应下可快速成团。拼团模式主要在微信中逐步成长起来的，最典型的就是拼多多，2015 年底到 2016 年会经常看到微信群里的拼团分享。

拼团模式的应用场景主要有两种。一类是专门做拼团模式的电商，如拼多多、萌店等，前期通过一些优质低价的拼团在外部社交网络中分享，大量积累客户，后期主要以特卖电商的形式在站内运营，注重订单量，具体表现为前期多是 10 人团、20 人团等多人团，后期多是 2 人团、5 人团，并且可以站内参团。另一类就是普通电商平台，拼团主要是为了拉新、打造爆款用，适合中小型电商公司。类似淘宝、天猫、京东等大型电商平台很少做拼团，主要是秒杀限时抢购。

对平台来讲，拼团的主要目标在于拉新、提升订单量，利用用户的关系链，进行产品宣传，扩大影响面。通过社交关系拉来的用户，能够迅速消除不信任，提高订单转化率。

【拼团类型】

拼团主要有几种类型：新人团、普通团、超级团。

（1）新人团主要限定新用户（未下过单）参加，可以由老用户开团，这一类型的团购主要是为了拉新。在参团时要校验是否新用户。

（2）普通团就是最常见的拼团团购，例如2人团、5人团等，任意用户都可以参加。

（3）超级团是指需要较多的人参与才能成团，根据成团人数来制定阶梯价格，一般为50～200人团。例如商品A原价100元，50人团则售价80元，100人团则售价70元，200人团则售价60元。在有效时间内达到规定的参团人数，就组团成功，人数不足自动退款。

【拼团业务流程】

我们来看下拼团的业务流程，如图4-10所示。主要分以下几步。

（1）不论是通过好友的分享还是直接在商城中选择商品后，用户选择开团或参团的同时判断是否有库存，然后提交订单。

（2）提交订单后，在支付的时候会判断此拼团是否满团。未满团则继续支付；已满团会提醒用户去开团，或者自动帮用户开团，走到支付环节。

（3）支付成功，用户参团成功。在规定时间内，参团人数达到规定数就判定拼团成功。超过规定时间未成团就判定拼团失败。

（4）拼团成功的订单变更为待发货，开始向仓库流转；拼团失败的订单取消订单，原路退款。

需要特别注意的有以下几点。

（1）一般采用付款成功才能参团成功的流程。先成团后付款的流程，由于

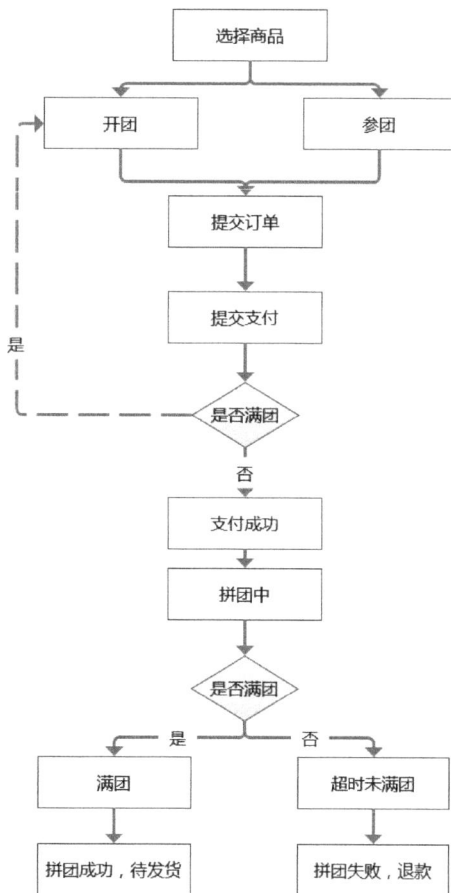

图4-10 拼团业务流程

打断了用户整体操作流程，影响用户体验，很容易导致用户更多放弃支付。

（2）订单提交成功后，订单流转为待付款状态。规定时间内（如 10 ~ 30 分钟）不支付，订单会自动取消，拼团失败；待付款订单，用户也可手动取消订单。

（3）在支付时再次去判断是否满团，是为了避免"超团"，比如原定是 2 人团，结果最后有 3 人参团成功。

（4）拼团成功或拼团失败，都要以一定的方式（短信或 APP 提醒）通知用户。

（5）拼团整体的活动设置一个限定时间，每个用户团设置限定时间，例如 A 商品参与拼团是 10 天，但是需要用户开团之后 24 小时内完成拼团。

（6）拼团的库存管理比较特殊，后面会详述。

另外拼团在前端产品设计上，主要是展示时间紧迫性和易于分享参团。通过倒计时等方式提醒用户时间紧迫，让用户急于主动分享，主动为产品开辟渠道引流量。另外也要提供简单易用的分享功能。增加等候成团区，用户可以直接在商品详情页参加别人的团，这种方式实质上是为了增加订单量。

【拼团的库存管理】

拼团商品的库存直接从总库存划分一部分库存参与活动（占用），在活动期间，拼团商品的库存和正常售卖的库存互不影响。拼团结束之后将剩余库存返还给总库存，解除占用。

关于拼团库存扣减，有如下两种方案。

（1）参团支付之后扣减库存

这种方案会占用实际库存，未成团的那部分库存就无法出货，造成浪费。

例如：A 商品有 100 件，参加 10 人团，最初开团 20 个。最终 100 人参团成功，但是只有 5 个团成功拼团，所以发货 50 件，其他 50 人退款。

（2）拼团成功之后再扣减库存

这种方案无法管控成团数量，库存用完之后，后续拼团成功的就会超卖，发生退款，影响用户体验。可以改进的是，在拼团支付的时候，要判断当前是否有剩余库存（用总库存减去已成团数量），若判断没有剩余库存，则不允许参团或开团，也不允许支付。

例如：A 商品有 100 件，参加 10 人团，最初开团 30 个。最终 200 人参团成功，前 10 个团成功拼团，发货 100 件，其余 100 人退款。

两种库存扣减方案都是可行的，但都有一定的缺陷，大部分电商采用的是第二种方案，这样更多是为了拉新，或让更多用户参与。为了避免超卖，可预留一小部分库存，来应对超出的情况。

第 5 章

内容管理

近年来各大电商沉溺于"造节"，比如淘宝的"双11"、"双12"、京东的"618"等。除了这些近年兴起的人造节日还有传统的元旦、国庆节、五一劳动节、三八妇女节、母亲节、父亲节、圣诞节、端午节、中秋节等节假日，各大电商都会不断推出促销活动，借势营销。电商平台仿佛不愿意放过任一个可以作为营销话题的日子，不断推陈出新。经过十多年的电商经验积累，现在做起活动来游刃有余，丰富多样。

高频的活动给运营带来更高的要求，不仅是促销系统的多样化，更是对内容管理系统（CMS）提出易用、丰富的要求。图 5-1 所示是笔者从天猫、京东上截取的两个"3.8 节"的活动页面，可以看出页面美观大方，自定义程度很高。

图5-1　天猫（左）、京东（右）的"3.8节"活动页

在网上购物时，这种活动页面很常见，商城或店铺首页也会不断变化风格。实现的方式是"快速自定义页面"，其也常被称为"店铺装修"或"页面配置"。那么问题来了，这样一个自定义页面怎么配置？怎样通过系统化的方式实现页面动态配置？

5.1　CMS 系统概述

从淘宝、天猫或京东首页任何一张图点进去，都会是一个活动页面。在整个平台中，有着上万甚至上百万个类似的活动页面。电商公司都会有各种运营页面需求，如果每个页面仅靠前端技术人员单独制作，会占用大量的人力物力。同样的活动元素、页面，也许就是调下元素顺序，换几张主题图和链接，这次的活动资源下次可以接着用。持续需要开发介入，无效重复劳动是件很头疼的事，而且频繁发布对用户体验也会造成较大影响。这时候就产生了页面动态配置的需求，也就是淘宝店主经常做的"装修"，在丰富的配置组件下，运营人员根据业务需求来自定义活动页面。

内容管理系统（Content Management System，简称 CMS）在不同行业有着不同的应用范围，这里为了方便描述及理解，笔者就暂且将 CMS 系统局限定义用作页面动态配置的系统。首页设置、活动页面配置、自定义新页面等都属于此类范畴。在不同的电商体系内部的叫法可能不同。

在 PC 电商时代，将页面的自定义过程比作"盖楼"，将页面每一行称为一个"楼层"，每层可以自定义内容，比如轮播图、商品、优惠券或商品排名等。"淘宝旺铺"就是店铺装修发展出来的一门生意，如图 5-2 所示，淘宝店家可以选择基础模块的内容，编辑首页或新建页面，动态配置页面。

图5-2　淘宝的店铺PC端自定义设置

在 CMS 系统发展初期的时候，系统提供多种模块（如轮播图、商品、特卖、团购、倒计时等），运营新建页面或者配置首页时，利用模块的样式，添加相应的元素内容，定义模块顺序，最后决定最终显示效果。没有如今方便的可视化操作模板，也没有效果预览，运营起来也是困难重重。

如今成熟的 CMS 系统已经可以将系统提供的内容组件用便捷的交互方式快速拼装、填充内容，使最终页面效果可视化。

PC 端涉及自定义动态配置的页面主要有首页、搜索结果页、商品详情页、分类页以及新建的一些活动页。一些固定页面类似搜索结果页、商品详情页的某些内容虽然不能更改，但可以往里添加推荐内容，例如活动推广、商品推荐等内容，最大化利用页面空间，给运营提供便利性。

在移动互联网时代，页面动态配置功能升级，可以自定义的要素越来越多，在页面布局上也更为灵活。由于智能设备的普及和发展，购物趋势越来越趋向于移动端，大部分电商的运营重点也已经从 PC 端倾向于移动端，甚至有的电商企业直接放弃 PC 端，只做移动端的 APP 和 H5 商城。移动端的页面动态配置就显得更为重要。如图 5-3 所示京东的手机活动配置页面。

图5-3　京东的手机活动配置页面

在移动端，我们日常见到的商城首页、店铺页、分类页、活动页等，都是通过 CMS 系统来配置。系统提供图文类（文本、图片、自定义模块）、商品类（商品组合、样式）、营销活动类（预售、优惠券）等各种类型的模块。通过这些模块，运营人员能够快速新建活动，定时发布活动。

　　上面大致介绍了 CMS 系统在页面动态配置中的应用，可知 CMS 系统与促销系统一样，对电商的运营人员相当重要，不论是节日活动还是日常售卖，都需要 CMS 系统的支持。CMS 系统给予促销活动前端的展示位和展示方式，吸引用户去浏览购买商品。下面从产品经理的角度来看看 CMS 系统的设计逻辑。

5.2　动态配置的产品逻辑

　　玩过乐高积木的都知道，运用积木可以拼装成不同的模型。运用同样的积木材料，有人可以搭建出房屋，有人可以搭建出埃菲尔铁塔。具化来看，我们可以把页面的动态配置比作乐高模型的拼装过程，每一个模块组件就像一块乐高积木，如同拼装乐高模型一样，页面的动态配置就是将模块组件组合在一起、填充内容，最后组装成不同的动态页面。

　　如图 5-4 所示，笔者将页面的动态配置分为 3 步：从组件到位置和内容，再到动态页面。具体来讲，首先要选择组件，然后放在合适的位置、填充内容，最后把这些组件按照排列组合起来就组装成了动态页面。

图5-4　页面动态配置

【基础组件】

组件是动态页面的基础，提供给用户编辑具体展示的信息。组件有许多类型：图片轮播、ICON、优惠券等。每种组件都可以有多个不同的样式，可以选择展示的内容或者自定义。

基础组件的定义和解析是自定义页面的核心，不同的组件有不同的功能，表示不同类型的内容。每个组件都需要单独设计，定义其规则和样式。例如图片轮播就是简单的图片展示，上传对应尺寸的图片相应展示就行。商品展示模块对应的算法规范就较为复杂，可以从分类中取商品，或对应的 SPU，或动态数据（排名、推荐）等。

除了组件的展示效果，还有点击组件跳转的位置，一般通过设置链接或根据组件内容（如商品）自动跳转。组件显示样式虽然多样，但是点击之后通往的页面选择库却是共通的，例如其他活动页、商品详情、商品聚合页、店铺主页、购物车、在线客服、积分商城、购物券、外链等。

【位置+内容】

有了组件之后，用户在设置或者系统在解析的时候，首先要确定组件在自定义页面中的位置。位置可以称为"楼层"。确定了组件的位置再解析组件对应的内容。组件相当于一个有固定形态的容器，往里添加详细的图片、文本、商品、优惠券等内容。

每个页面的各楼层可以定义名称、设置背景、配置内容，目前最主流的交互是拖动组件到相应的位置，设置内容之后实时预览，自定义页面动态可视化。

【动态页面】

对于整个动态页面，需要定义一些关于整个页面的基础信息，包括活动页面名称、活动起止时间、所属活动分组等内容，甚至是活动宣传图、分享图片、活动描述等内容。设置之后给活动进行编号，生成相应的链接进行预览。

　　动态页面是由不同的组件内容构成，首先按照各组件位置去解析，然后再去解析组件的内容（样式、图片或商品、背景、链接等）。按照图 5-4 所示的反向流程走，就能解析出对应的自定义页面内容。

　　首页设置也是相同，类似自定义页面，可动态设置首页内容，动态添加自定义组件。目前绝大部分电商首页都是动态配置，有着丰富的自定义内容。

　　在组件之间还有些通用的自定义要素，比如背景颜色、背景图片、组件之间的空隙距离等。

　　要做好 CMS 系统的产品设计，除了丰富组件类型，还应考虑到组合组件、设置内容的便利性，在交互、可视化上进行优化，保证运营人员的操作便利性。如大家常见的淘宝旺铺装修、京东的活动装修、有赞微页面，采用的很直观的交互方式（拖拽、下拉添加），配置过程能立刻看见配置效果。这种 CMS 系统的技术要求、开发成本较高，大部分公司是做不到这种程度的。但是从产品的角度出发，最大限度地考虑用户的便捷性，可以通过在设置组件内容后，手动预览等方法来提高用户体验。

　　配置组件有许多种，常见的有图片轮播、商品推荐、商品分类、宝贝排行、图标（ICON）这几种形式，另外还有富文本、客服、优惠券、满减活动、满赠活动、自定义区域、商品搜索、文字、公告、倒计时、Tab 组件（顶部、底部）等，丰富的自定义组件可以实现各式各样的活动页面，前面举例的京东、淘宝、天猫活动页都是通过 CMS 配置实现。

5.3　基础组件

　　在 CMS 系统中，设置自定义活动页面的常用组件主要有图片、文本、商品、商品排行榜、优惠券、导航栏、HTML 代码等方式，由于目前移动端的使用比例较高，下面以移动端为例，针对各组件详细讲其样式和使用方法。这是一个"从哪里来，到哪里去"的问题——换言之就是关于"内容"是什么，以及点击之后链接到哪里。

【图片】

在电商网站首页或活动页面中，图片是使用最广泛的基础组件——没有之一。平常我们在 APP 看到的各种炫酷的页面，基本都是设计师做好对应尺寸的图片，由运营人员上传到系统中组成的。

如图 5-5 所示的是图片组件中几个最基本的样式：单图、双图、轮播图，以及多图。每种样式的图片在系统中都对应规定不同的尺寸，上传图片需要按照要求的尺寸上传。

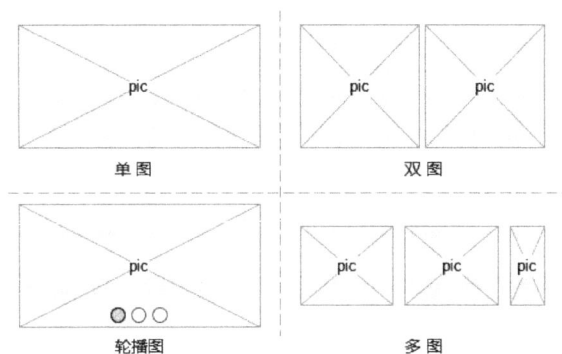

图5-5　图片组件的几个最基本样式

设置完图片，那么点击图片链接到哪里？注意，对任何组件元素来说，链接到哪里去都是通用的，所以后面的组件不重复赘述。

跳往结果页主要有自定义链接、自定义活动页、商品分类、店铺、商品详情页、优惠券、购物车、会员中心等。

（1）自定义链接：直接设置链接，方便快捷。

（2）自定义活动页：从自定义活动页列表中选择。

（3）商品分类：跳转至某个商品分类的商品列表中。

（4）店铺：从店铺列表中查询选择需要跳转的店铺。

（5）商品详情页：从商品中查询选择跳转的商品详情页。

（6）优惠券：从优惠券中选择需要跳转的店铺，或直接设置优惠券编号。

（7）购物车：跳转至用户的购物车。

（8）会员中心：跳转至会员中心。

【文本模块】

在自定义页面中直接插入文本，这种目前很少用，只有在增加提醒时会添加。主要的形式有标题、普通文本等，也可以设置跳转。

【商品】

商品也是很常见的组件，有纯粹的商品显示，还有直接在活动页加入购物车。如图 5-6 所示的几种常用的样式：单列商品、双列商品、多商品等。注意，商品的展示形式有很多种，不局限于该图中列举的形式。

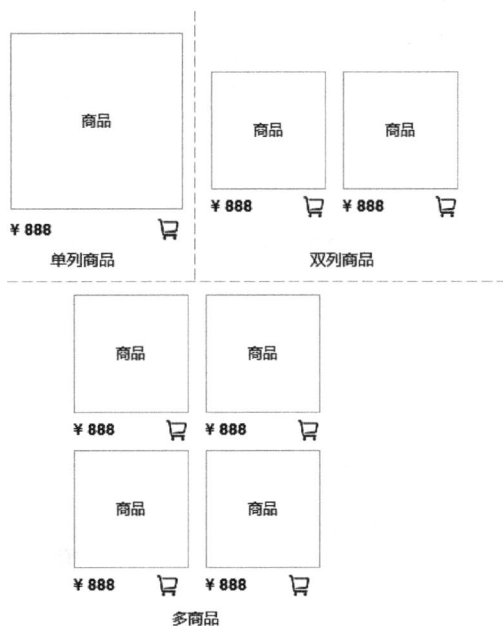

图5-6　商品组件的常见样式

在设置时,先选择对应的商品组件样式,再选择商品进行配置。商品的主图、名称、价格等内容都是系统直接从商品资料中取出来,不需要重复设置。

【商品排行榜】

商品排行榜是一个动态榜单,在运营中对促进商品销售很有用。

如图 5-7 所示的是榜单显示的两种样式,系统提供各种榜单选择,如全品类销售榜单、类目商品榜单、收藏量榜单等。运营人员在设置时只需要选择商品的显示样式和榜单类型就可以。系统直接从排行榜中拉取动态数据在前台显示。

图5-7 商品排行榜组件的两种样式

【优惠券】

优惠券可通过图片显示,链接至优惠券页面。系统也可以提供优惠券的样式,如图 5-8 所示,直接插入。在设置时,从优惠券列表中选择或者输入优惠券编码。在活动页可直接领取优惠券。

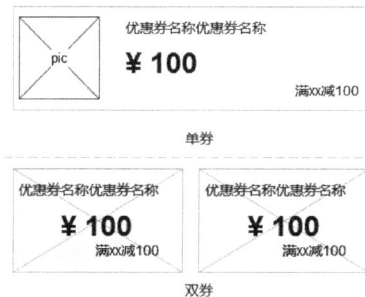

图5-8 优惠券组件的样式

【导航栏】

导航栏的功能比较复杂，如图 5-9 所示。导航栏分为两种，一种是中间导航栏，一种是顶部或底部导航栏。在切换导航栏时，页面内容发生变化。

如图 5-10 所示，"自营服饰"、"型格男装"、"内衣配饰"、"潮流鞋靴"这一栏属于中部导航栏，通过从当前活动页内容中选取每一个导航 Tab 的定位锚点，当点击 Tab 时，页面跳转至对应的锚点位置。可设置在滑动时，导航栏悬浮在顶部。

如图 5-10 所示的"主会场"、"全部会场"、"必买清单"、"我的 618"属于底部导航栏，还有经常见到的顶部导航栏。这些导航的链接都属于活动页之间的跳转，当点击其中的某个 Tab 时，会跳转至另一个活动页面。

图5-9　导航栏组件分为两种

图5-10　自定义活动页面

【HTML代码】

在系统提供的组件不够丰富，无法达到运营的需求时，或者需要实现一些动态的效果时，就需要在活动页中嵌入 Html 代码（CSS 样式）。在系统解析时，把 Html 代码当作活动页组件的一部分进行解析。

总之，丰富的基础组件是支持运营活动的基础，很多平台除了提供一些基础组件供用户编辑，还会适当开放组件功能，一些有开发能力的平台使用者可在固定框架内开发丰富的组件样式，以满足运营的需求。此外，还可以把基础组件放在装修市场，供其他用户使用。

5.4 动态页面的整体设置

在电商前端体系中，涉及动态页面设置的主要是首页、自定义活动页面，而又因为渠道不同，PC 端、APP 移动端、H5 商城等渠道在活动配置、运营需求上有所区别，在配置时也需要分开配置，分开管理活动页面。对每个活动页面进行记录管理，在设定的时间内生效。甚至可以聚类分组，例如 618 的活动应该划分在 618 活动组，双 11 的活动应该放在双 11 活动组，这样在管理大量活动时就更加有序。

在新建活动页面时，首先确定的是活动名称、活动编码（系统生成）、开始时间、结束时间、创建者、状态（上线、下线）、页面地址（系统生成）等内容，尤其生成的页面地址在设置跳转链接或宣传时会用得到。

新建页面后，就需要往页面中填充内容。把页面当作一张画布，利用系统提供的组件往页面中添加内容。系统记录下各组件之间的相对位置，在解析页面时按顺序解析组件。在组件的基础上，进行合理搭配，按照买家的角度，去引导买家往下单这个目的去进行页面布局。不同尺寸的页面进行不同的整体布局，突出活动主题。

在许多较大的电商平台中，都会提供丰富的装修模板市场，卖家可以在装修市场中选择合适的模板，套用在自己的店铺中，如图 5-11 所示。"装修"模板很好地解决了一些运营人员对于店铺风格的设计、配色把握以及整体布局的不专业性，在丰富的模板市场中可以找到适合当前店铺的装修风格，而且能够借鉴前人的运营经验。

图5-11　装修模板

装修模板可以减少在新建活动时从 0 到 1 逐步配置的巨大工作量。直接套用模板中的内容，进行替换、新增部分内容，可以快速新建活动。

另外，可以提供自定义页面的复制功能，从已有的自定义页面中复制出新页面。由于同一家公司的运营风格在短时间内不会发生太大变化，每次活动页的形式其实都差不多，提供这个功能，可以减少运营的工作量，运营人员只要在旧页面上替换相应的内容就可以二次使用。

5.5　小结

内容管理系统用来管理运营活动内容，在进行产品设计时要从实际出发，主要是根据平台发展的阶段和运营的需求两个方面。当平台用户量较小或刚起步时，CMS 系统做得如同天猫、京东显然是不现实的。另外 CMS 系统不能太限制组件的内容，要给予运营人员一定的发挥空间。如果 CMS 强迫用户选择一个固定不可更改的模板，就剥夺了运营人员的创造性，在无法提供丰富的组件时，可以采用适当插入 CSS 代码的方式来进行补充。

CMS 系统为自定义活动页面、首页设置提供了功能出口，也是运营使用最频繁的功能之一。如今一些大平台开始推行个性化首页，例如淘宝的"千人千面"，这种方式对 CMS 系统提出更高的技术要求。

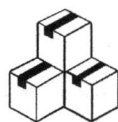

第 6 章

库存管理

库存管理作为供应链管理的重要组成部分，不论对于电商企业还是实体企业都至关重要。库存体系的构建异常复杂，涉及销售库存、仓库库存，有时候门店商品也会被纳入库存体系。对于库存管理来说，最重要的是库存的分配与扣减逻辑。

本章的重点内容如下。

（1）电商库存体系分为三层：销售层、调度层、仓库层。

（2）库存的变动又分为自上而下、自下而上两种。

（3）每一层库存数量的变化可总结为增加、锁定、解锁、扣减、返还等。

库存数据的变动都需要有相关单据依据，例如销售订单、发货单、采购入库单等。后文再进行具体解释。

库存系统的操作主要包含库存的增加、锁定、解锁、扣减、返还、异常处理，如图 6-1 所示。

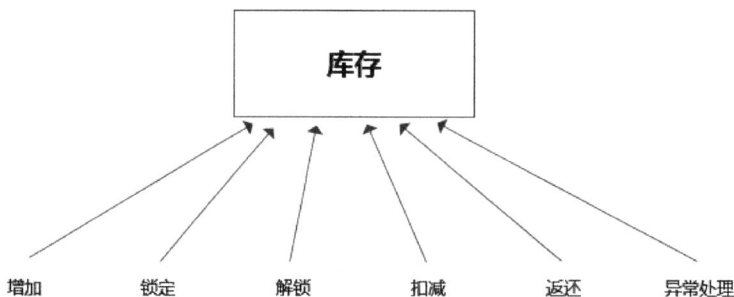

图6-1　库存变动动作

（1）增加：自有仓库通过采购入库，协同仓库通过代销采购协议入库；

（2）锁定：下单之后锁定库存。

（3）解锁：订单取消之后释放锁定库存。

（4）扣减：订单支付成功之后扣减库存，扣减锁定库存。

（5）返还：退货、换货后返还库存，相当于增加库存。

（6）异常处理：库存数据在定期校验时，如果出现异常数据，就需要进行异常

处理（自动或人工处理）

　　这些对于库存的操作在销售层、调度层、仓库层都是需要的，相应的变动都需要相应的单据依据，这对库存的管理是非常必要的，对财务管理也相当有用。

6.1　库存分层

【库存的概念】

　　库存，狭义来讲就是仓库里存储的货物，为了满足未来需要而准备的储备资源。除了携程、艺龙等酒店、旅游服务提供商，美团等服务信息团购商以外，基本上各家电子商务公司都面临着实物库存管理的需求。

　　电商中的库存管理是为了保证前台商品的正常售卖，库存的管理和仓库密不可分，而仓库又和销售、采购相关，如图 6-2 所示的是简单的示意库存变动的影响因素，主要有销售订单、采购、仓间调拨、盘盈盘亏、预售、售后退货等因素。

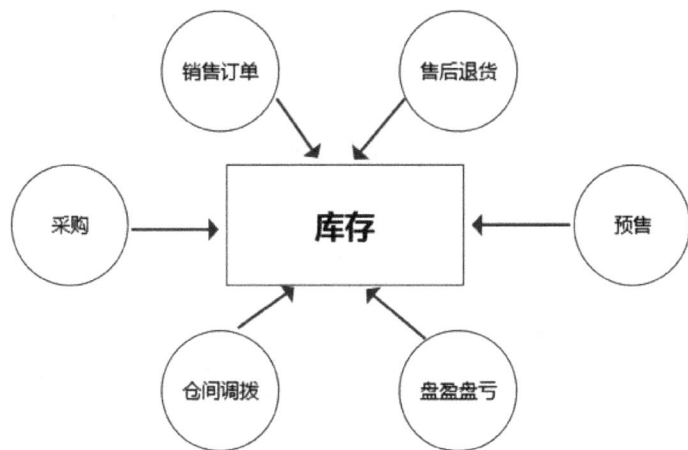

图6-2　库存变动的影响因素

【库存分层：销售层、调度层、仓库层】

将库存管理体系分层为销售层、调度层、仓库层，主要是因为各层的职能不同，驱动库存发生变化的单据也不一样，如图6-3所示。

1. 销售层

这一层主要面对前端用户。一般情况下，前端库存要和实物库存保持一致，即不能超卖。但是做预售时，就是虚拟库存，下单时涉及的库存动作只在销售层，待到备货之后，再推送至调度层。

销售层的库存决定是否可售卖，下单是否能成功。在秒杀时，活动库存决定了是否可以秒杀成功；在预售时，预售库存决定是否可下定金预定。

图6-3 库存分层

（1）可销售库存：网站前台显示的库存，也就是可以对外售卖的库存。当"可销售库存 >0"时，前台网站则会显示商品可销售；而当"可销售库存 =0"时，前台网站则会显示商品缺货。

（2）锁定库存：用户下单锁定库存，支付后扣减库存。锁定库存指的下单时占用库存，保证客户下单后支付的订单都是有货可发，而不会相互冲突。

（3）已销售库存：统计商品已售数量。当支付成功，商品就算作已销售库存。如果取消订单或售后就需要走相应的库存变动流程变动。

（4）活动库存：主要是做促销活动（例如秒杀）时，分配固定数量的商品给相应的活动，这时候就需要从可销售库存中占用相应数量给活动库存。这部分库存也是走相应的锁定、扣减逻辑。

（5）预售库存：这部分是虚拟库存，主要是拉动需求，例如 B 端订货、双 11 定金预售等。预售同样走相应的锁定、扣减逻辑。不同的是，预售的订单需要备货之后，再推送至调度层。

2．调度层

调度层相当于订单的分配中心，将订单转化为发货单，按照调度规则决定哪些 SKU 由哪个仓库发货。

调度层的库存分为单仓、区域、总库存三个维度，区域库存指的是这些仓库只发某一区域的，例如华中地区的仓库只配送华中地区，北京就无法从华中地区的仓库发货。总库存即所有仓库的 SKU 库存总计。

（1）账面库存：仓库中的实物库存，只要是未出库的都算在账面库存中。

（2）可用库存：仓库中可供发货的库存。这部分库存是可供调度的库存。

（3）在途库存：下了采购单但是尚未入库的库存，在途库存理论上部分是可供销售的，例如"T+1"的在途库存，就是指 1 日之后就可以入库的 SKU。

（4）不可销售库存：仓库盘损的库存，通常是仓库中的不良品，是无法售卖的库存。这部分库存需要通过特定途径处理。

（5）已用库存：在调度层已分配的库存。

调度层在某些方面上和前端库存有些重叠，前端库存也会分区域和总库存，但是不同的是，调度层对应的是实物，不会存在虚拟库存，流到调度层的订单经由调度后推动至仓库发货。另外还有"期初库存"，为了定期对账使用。

3．仓库层

仓库层的库存对应的是实物库存，出库入库盘点都会引起仓库库存的变动。

（1）可用库存：发货单推至仓库后，仓库可以用于发货的库存，不包括锁定的库存。

（2）锁定库存：发货单推送至仓库后锁定库存，锁定时同时去锁定库位库存。

（3）已出库库存：已经确认出库的实物库存。

（4）不可用库存：盘点时发现的不良品，需要报损，从可用库存转化为不可用库存。

库位的概念。仓库中的库存是由库位库存组成的，库位上分为可用库存、锁定库存两种。由于 WMS 中的库存逻辑较为复杂，这里不做详细论述。

【库存同步】

由于触发库存发生变动的点不一样，库存的变动有两种流向。第一种是自上而下（从销售层到调度层，再到仓库层）；第二种是自下而上（从仓库层到调度层，再到销售层）两种。

（1）自上而下：用户下单后，首先会生成订单，扣减销售层的库存；然后流转到调度层进行调度，生成发货通知单，调整调度层的库存；最后推送至仓库，WMS 系统同步响应，扣减库存并进行出库。

（2）自下而上：仓库的实物入库可以算是从下到上引起的库存变动。主要有三种单据：采购入库单、退货入库单、调拨入库单。实物入库，会连锁引起仓库层、调度层、销售层的可用库存逐步增加。

6.2　销售库存管理

一般情况下，销售层的库存要和调度层的实物库存保持一致。但是有时候业务需求是允许超卖、做预售、不同活动独占库存、不同渠道分配库存，就会造成预售层库存与调度层实物库存不一致。具体的业务场景如下。

（1）允许超卖。这种场景很常见，在双 11、618 这些活动时，在备货量不足的时候，为了订单量往往会允许超卖，只要及时补货就行。

（2）做预售。例如苹果、小米新品发布时经常玩的套路：先交钱，预估出货时间，等有货了再给买家发货。

（3）不同活动独占库存。拼团、限时秒杀这类促销活动，往往是从实际库存取出部分库存来做活动。例如正常价值 199 元的背包，库存 1000 件，现在拿出 100 件做活动，99 元限时秒杀。

（4）不同渠道分配库存。许多商家有多个渠道，通常有自营平台、天猫店、京东店、有赞店等，这些平台都共用一套库存。在对接各平台之后，可以把对不同渠道分配库存。例如天猫店分配总库存的 1/3，京东店分配 1/6，有赞店分配 1/6，自营平台分配 1/3。也可以简单处理，让多店采用同一套库存，即多个店显示相同的商品数量，这时候就需要设置警戒值，当库存数量低于警戒值时，将所有商品下架处理，另外每当商品销售后，也需要更新其他各渠道的商品库存。

前文提到过可销售库存、锁定库存、已销售库存等概念，除此之外，还有销售总库存、现货库存。顾名思义，现货库存是同步调度层的实物库存。一般情况下，销售总库存是同步现货库存，但是在允许超卖的情况下，销售总库存可以与现货库存脱离不同步，单独设置销售总库存。例如商品 A 在仓库里有 100 件，可设置销售总库存为 200，先卖的 100 件可成功推至仓库，后面 100 件等到货之后再推送至仓库。

可销售库存、锁定库存与销售总库存的关系，公式表达如下。

可销售库存=销售总库存-锁定库存

用户前端页面显示的库存数、卜单判断是否有货的库存数都是可销售库存，只有可销售库存数大于购买数量时，才能下单成功。

我们来看看下单时库存的扣减、返还逻辑。如图 6-4 所示，以下单选择 A 商品、数量 2 件为例。

（1）提交订单后，判断可销售库存数量是否≥2，若无法满足，则提示"库存不足"，订单提交失败。

（2）若可销售库存数量满足≥2 的条件时，可销售库存数减 2、锁定库存数加 2，成功提交订单。

（3）在用户确定订单、进行支付之后，销售总库存数减 2，现货库存数减 2，锁定库存数减 2，已销售库存数加 2。做完这一系列的库存动作之后，销售层的库存处理才算结束。

（4）若买家在支付前取消了订单，则返还库存，可销售库存数加 2，锁定库存数减 2。

```
┌─────────────┐
│  选择商品A X 2  │
└──────┬──────┘
       ┊
┌──────┴──────┐
│   提交订单    │
└──────┬──────┘
       ┊
    ╱──┴──╲
   ╱ 可销售库存 ╲ ────────── 否 ──────────┐
   ╲  ≥ 2   ╱                          ┊
    ╲──┬──╱                            ┊
     是                               ┊
┌──────┴──────┐              ┌────────┴────────┐
│  可销售库存 -2  │              │ 库存不足，无法提交  │
│  锁定库存 +2   │              │   订单          │
└──────┬──────┘              └─────────────────┘
       ┊
┌──────┴──────┐
│  提交订单成功   │
└──────┬──────┘
       ┊
    ╱──┴──╲
   ╱  支付  ╲ ────── 取消订单或超时未 ──────┐
   ╲      ╱          支付                 ┊
    ╲──┬──╱                              ┊
    成功                                 ┊
┌──────┴──────┐                ┌────────┴────────┐
│  销售总库存 -2  │                │  可销售库存 +2    │
│  现货库存 -2   │                │  锁定库存 -2     │
│  锁定库存 -2   │                └─────────────────┘
│  已销售库存 +2  │
└──────┬──────┘
       ┊
┌──────┴──────┐
│   取消订单    │
└──────┬──────┘
       ┊
┌──────┴──────┐
│  销售总库存 +2  │
│  现货库存 +2   │
│  已销售库存 -2  │
└─────────────┘
```

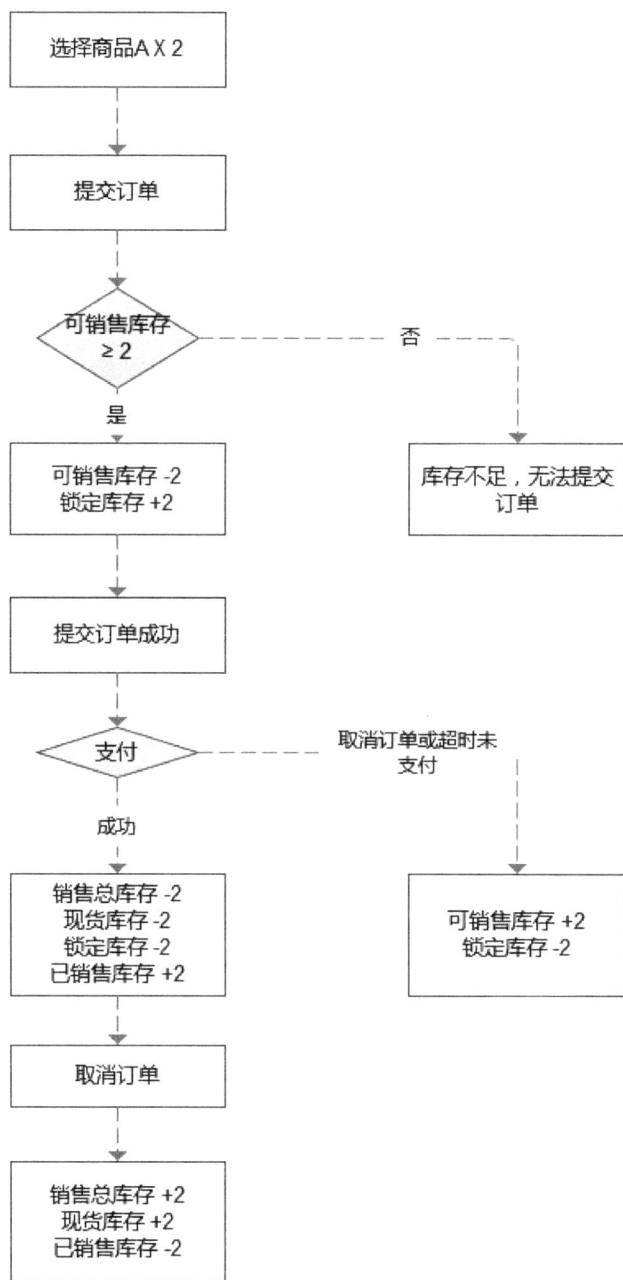

图6-4　下单时库存动作

（5）若买家在支付之后、发货之前取消订单，这种情形比较复杂。若订单下发至调度层或仓库，则下面两层的库存先返还，销售层的库存最后返还。销售总库存数加 2、现货库存数加 2、已销售库存数加 2。

【活动库存的管理】

在做拼团、秒杀等活动的时候，需要从销售总库存中划出一部分库存给活动独占，从销售库存中锁定库存。分配给活动的库存单独管理，同样走锁定、扣减、释放这一套逻辑。在订单支付之后，针对销售层库存，进行销售总库存扣减，现货库存扣减，锁定库存扣减，已销售库存增加的一系列操作。

在活动结束之后，若仍有剩余库存，释放独占库存。

【预售库存的管理】

预售库存是虚拟库存，无实物，到货之后才能发货。这种类型的需求可以通过销售总库存与实物库存断开同步、单独设置的方式来实现。前台买家下单成功之后，店家等实物到货之后，统一推送至仓库，安排发货。

6.3　库存调度逻辑

许多小卖家都是一个仓库或者一物一仓（一个 SKU 只在一个仓库有货），这种情形下，库存调度逻辑很简单，扣减相应仓库的 SKU 的库存，调度到对应仓库进行发货就行。

但是许多电商企业或者大公司，库存结构比较复杂，拥有多个仓库，仓库类型也非常多（主仓、区域仓、供应商协同仓等），如图 6-5 所示。在调度发货仓库时，也有各种成本、物流以及商业上的考虑因素。调度仓库的过程实际上是在各种调度规则的限制下，对库存进行调度。

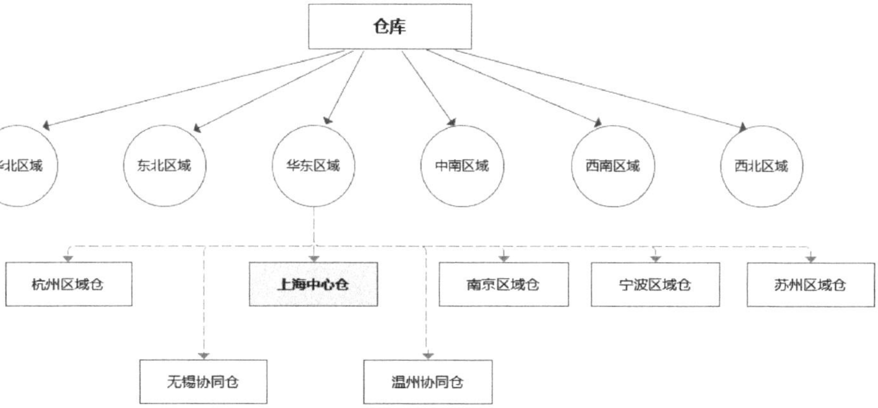

图6-5 仓库组成结构

【库存调度影响因素】

在调度发货仓库时，主要的考虑因素有如下这几点。

1. 物流时效

为了迅速响应用户需求，很多企业在多地建立仓库，以便能够从最近的区域发货，在最短的时间内送到用户手中。例如 A 企业在北京、上海、广州、武汉、沈阳、西安、成都等地区各有一个仓库。当长春的用户下单时，会优先判断最近的沈阳仓是否有货，没有货则会选择北京仓发货。

2. 仓库等级

有些企业在业务量较大时，如图 6-5 所示，会在同一区域内除了建立中心仓，还会建立多个区域仓，例如华东区（上海、浙江、江苏）中心仓在上海，在杭州、宁波、苏州、南京等订单量较大的城市建立区域仓。这些区域仓库存量较小，存放一些消费频次高的 SKU，只供应当地城市。在区域仓没货的时候，才会从中心仓发货。

另外，在仓库多了（假设全国 100 个仓库）之后，在前端商品判断有货没货及物流时效时，如果按照优先级排序及调度规则，一个个仓库去遍历判断，会影响效率。这种情况下，在销售层会按照区域库存去判断。例如将华东地区的 12 个仓库中 SKU 库存合并，如果是宁波地区的用户购物，只需要判断华东区域的库存。当订单下发到调度层时，再具体去分配仓库，如有必要再进行拆单。

3. 业务需求

在业务发展时，会有部分货源从供应商处直接发出，或者为了保证物流时效，在某些区域由供应商直发，这种仓库定义为供应商协同仓。再对这些 SKU 库存进行调度时，就需要在调度层直接把仓库下发给供应商订单系统。

【库存调度规则】

仓库类型越少，库存结构越简单，在库存调度的时候逻辑就越简单。当然产品要跟着业务走，调度逻辑随着业务复杂度、销售渠道、仓库数量等因素的变化而增加难度。

特别是很多有线下零售店及仓库的商家，要将线下各个零售店当成区域仓来调度，这个情况的复杂度还要增加。

笔者举一个实例来讲库存调度，方案仅供参考，具体操作视业务而定，如图 6-6 所示。

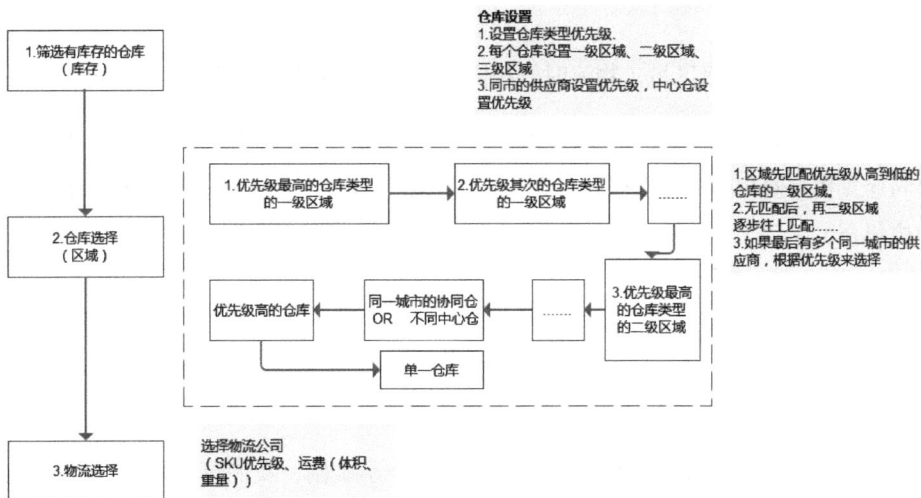

图6-6　库存调度逻辑

同一仓库不同级别区域不能重复，设置某一级别区域范围时，其他区域级别设置过的区域选项置灰不可选。

1. 业务场景及前提

业务场景及前提如下。

（1）企业在不同区域都有中心仓、协同仓。不同类型仓库优先级不同。

（2）同一仓库配送区域分级，分一级区域（24小时达）、二级区域（2日达）、三级区域（2日以上）（可根据物流时效设置）。同一仓库不同级别区域不能重复，对于同一仓库，配送区域等级不能重复。

（3）同一省份的供应服务商，设置其配送优先级。

（4）物流时效优先。

2. 库存调度示例逻辑。

库存调度示例逻辑如下。

（1）在下单时，先筛选出对应订单有库存的仓库。

（2）将收货地址与这些仓库的一级配送区域匹配，若没有再去匹配二级区域，依次类推。

（3）筛选出同级区域（物流时效相同）的仓库，再根据仓库的优先级进行筛选。

（4）若仍有多个仓库（同一类型的仓库）待选，例如金华从宁波协同仓、杭州协同仓发货时效相同，再根据同级仓库之间的优先级来进行选择，最后选择仓库（例如杭州仓）。

（5）选择好仓库之后，再根据 SKU 优先级、运费（体积、重量）等因素来选择物流公司。后面章节会具体讲到。

（6）当订单中有多 SKU 时，还会根据库存调度规则进行拆单，本节不做细讲。

本节虽然讲的是库存调度逻辑，但通过这个小实例，我们可以认识到，实际上掺杂着许多业务场景和需求。没有最好的产品方案，只有最合适的方案。库存调度的过程实际上是订单分配的过程，受许多因素影响，和许多系统发生交互。

6.4　库存控制策略

库存控制的任务是用最少的费用在适宜的时间和适宜的地点获取适当产品。库存是包含经济价值的物质资产，购置和储存都会产生费用。库存系统的成本主要有购入成本、订货费、储存费用及缺货成本。

要做好库存控制，首先要思考以下几个问题。

（1）如何优化库存成本？

（2）怎样避免浪费，避免不必要的库存？

（3）怎样避免缺货损失和利润损失？

而要解决这些问题，主要把注意力集中在以下三点。

（1）需求预测

（2）安全库存

（3）库存控制模型

【需求预测】

需求预测是有效控制库存系统的关键。需求有五个方面的因素必须要考虑，即数量、时间、频率、范围以及可预测性。

（1）数量是可以用精确的数字来表达，也可以为一个范围或一个概率，例如判断某种商品 95% 的需求位于 80 到 120 件之间。

（2）时间是指预测的时间跨度。预测按时间的不同可划分为：短期预测、中期预测和长期预测三种。

短期预测：短期预测的方法一般包括简单平均、加权平均和指数拟合等。短期预测时间跨度最多为 1 年，而通常不少于 3 个月。

中期预测：中期预测的方法包括曲线和指数平滑、基数序列等。中期预测的时间跨度为 2 年左右。

长期预测：长期预测的方法一般包括简单回归等。长期预测的时间跨度通常为 2 年及 2 年以上。

短期、中期、长期的时间跨度依据具体的情况确定。

（3）频率是特定时间内满足需求的次数（一次或几次）。

（4）范围是指需求数量的变化范围。

（5）可预测性：需求或消耗可能会与历史数据相同，也可能与历史数据有联系，也可能与历史数据毫无关系。考察历史消耗量与补充库存数据可以揭示未来的形式及趋势。这些形式及趋势可能是随机的或无序的、周期性的或非周期性的。

对产品或服务的需求可以分为如下几种类型：稳定型需求（如图 6-7 所示）、趋势需求（如图 6-8 所示）、季节需求（如图 6-9 所示）、周期性变化的需求、随机需求、自相关需求等。

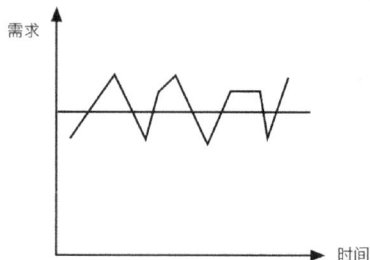

图6-7 稳定性需求

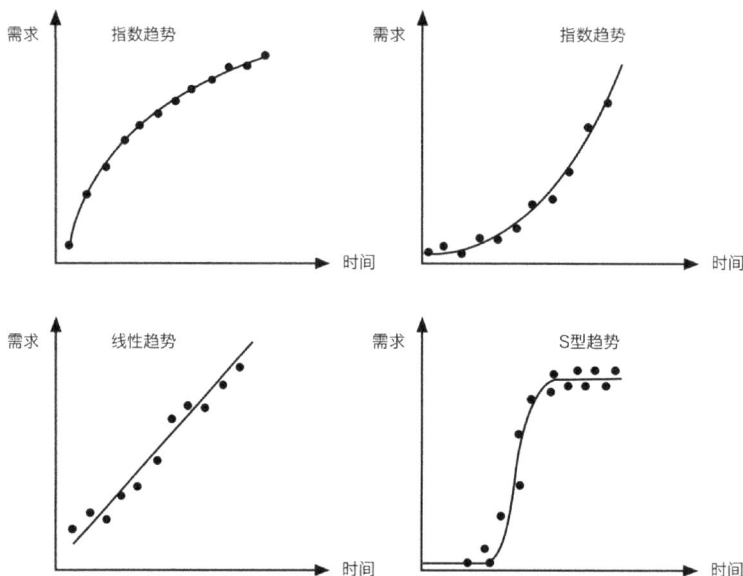

图6-8 趋势性需求

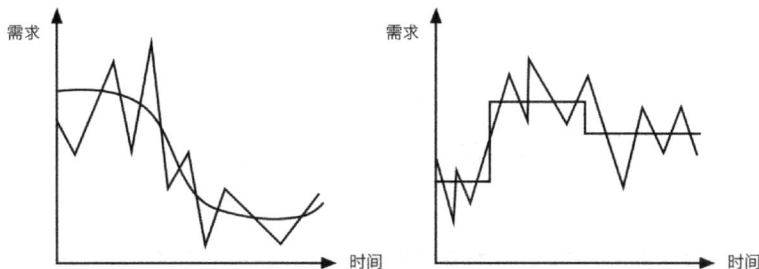

图6-9　季节性需求

预测有两个基本的方法：定性预测和定量预测。

定性预测主要针对主观因素，不易量化，比如人的因素和观点。定量预测是采用历史数据来估计未来的需求情况或用随机变量建立一个模型来预测。定量预测是库存管理过程的一项重要工作。

定量预测方法细分为：时间序列分析方法、因果联系分析方法以及模拟方法等。后面重点讲解下前两种方法。

时间序列分析方法力求以历史数据为基础来预测未来。例如由过去六星期中每个星期的库存需求量可以预测第七个星期的库存需求量；由过去几年内每季度的库存需求量可以预测未来各季度的库存需求量。虽然上述两个例子都与库存需求量有关，但预测时用的却是不同的时间序列分析方法。

时间序列分析方法主要有简单平均法、加权平均法、简单移动平均法、指数平滑法、线性回归等方法。下面以简单平均法、加权平均法为例说明。

（1）简单平均法

利用一定时期数据库的平均值作为下一时期的预测值。计算公式如下。

$$F_t = \sum D_i / n$$

式中：F_t 为预测值、D_i 为 i 时间段的需求数据值、n 为观测时段的个数。

（2）加权平均法

当需求模式呈现某种趋势时，在进行预测时需要更注重使用最近的需求数据，计算公式如下。

$$F_t = W_1 \times D_1 + W_2 \times D_2 + \cdots + W_n \times D_n$$

$$\sum_{i=1}^{n} W_i = 1$$

式中：F_t 为预测值、D_i 为 i 时间段的需求数据值、W_i 为 i 时间段的需求数据的权重值。

如果一个商品的需求分布是季节性模型，就要使用符合季节性变化的更精确的预测方法，来预测不同时段的季节性变化量，常用的方法有季节指数法和基础序列法。

与时间序列分析方法不同，因果联系分析方法通常要考虑与预测值有关的几个变量。找到相关变量，建立相应的统计模型用于需求预测。这种方法比只用历史数据作时间序列分析方法更有效。常见的因果联系分析方法是线形回归分析。可以用与最小二乘法同样的数学模型（$y = a + bx$）进行线形回归分析。注意此处需要预测的自变量不是时间。

注意，预测是研究事物发展的规律，但经过预测得到的规律并不是实际的客观规律，充其量只是事物的过去规律。

【安全库存】

将独立需求的商品的库存分为周转库存和安全库存两部分。周转库存是指保证在固定周期内正常供应的库存量，订货量可以由各种经济订货量模型确定。

安全库存是为了防止不确定性而准备的库存，安全库存可以预防预测与实际消耗之间的差异，以及期望运输时间与实际之间的差异所造成的损失，在补充周转库存时预防缺货。在低于安全库存时进行预警，开始补货动作。

安全库存一般可以用提前期需求比例法、供应天数法以及均差法三种不同的方法来确定。

1. 提前期需求比例法

将安全库存表示为一设定的时间段，用该时间乘以该段时间内平均需求量。对大多数商品来说，50% 提前期的需要量一般就可以作为一个合适的库存数量。这种方法对许多商品来说，可能会导致过多或过少的安全库存，

2．供应天数法

这种方法是人为指定一段时间的供应量作为安全库存。因为每个月没有足够的时间去检查每种商品的安全库存指标，这种按一定天数供应量计算的方法往往需要足够大的安全库存，结果是导致库存量大大增加。

3．均差法

因为安全库存是为了保证用户在采购提前期和在接收补充库存的延迟期内的无规律的需求得到满足，因此安全库存的数量取决于需求和提前期的变化。需求和提前期变化越大，则这种商品的安全库存越大。

【库存控制模型】

库存控制要解决的问题有以下几个。

（1）多长时间检查一次库存量？（订货间隔期问题。）

（2）何时提出补充订货？（订货点问题。）

（3）每次订货是多少？（订货批量问题。）

在库存控制系统中不可控的因素是：需求、订货、提前期。可控的因素是：一次订多少（订货量）、何时提出订货（订货点）。库存控制的目标是：服务水平最高、总费用最低。

从图 6-10 所示的库存控制模型中可以看出以下几点。

（1）由供给和需求活动得到的库存曲线，即库存水平在一段时期随供给和需求的变化而变化。

（2）到货的时间（如图中的 TS）和数量（如图中的 Q）。

（3）订货的时间点，如图中当库存达到 ROL 水平时对应的时间点。

（4）为防止供应和需求的不确定性而设立的安全库存，如图中 SS。

（5）缺货时间点，如图中的 SO。

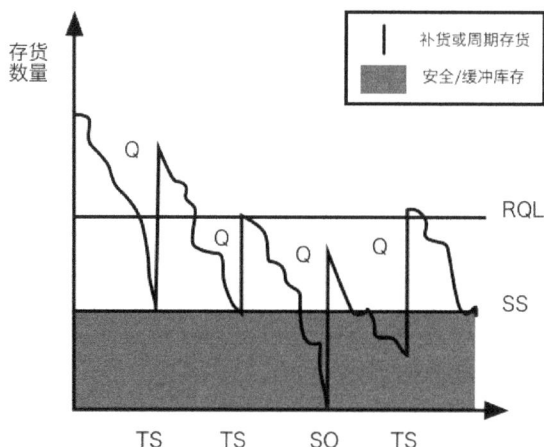

图6-10 库存控制模型

下面介绍两种基本的库存模型，即定量订货模型（也称 Q 模型）和定期订货模型（也称固定订货间隔期系统或 P 模型）。

1. 定期订货模型

定期订货模型按照预先确定的时间间隔，周期性地检查库存，随后发出订货，将库存补充到目标水平。

如图 6-11 所示，Q 是各次的订货量，库存检查周期仍为订货提前期。定期订货没有订货点，每次按预定的周期检查库存，依据目标库存和现有库存的情况，计算出需要补充的库存量，然后按照订货提前期发出订货，使库存达到目标水平。

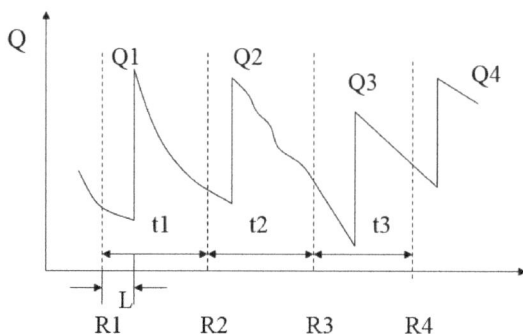

图6-11 定期订货控制模型

2．定量订货模型

电商一般采用的是定量订货模型。如图 6-12 所示，Q 是每次的订货量，L 为订货提前期，R 为订货点。定量订货预先设定一个再订货点（如图中的 R），在管理中连续不断地监控库存水平，当库存水平降低到订货点时就发出订货，每次按相同的订货批量 Q 补充订货。

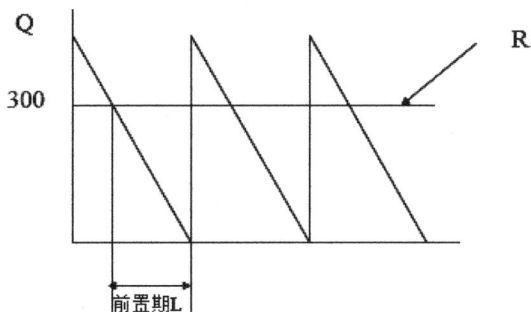

图6-12　定量订货控制模型图

定量订货模型与定期订货模型的基本区别是：定量订货模型是"事件驱动"，而定期订货模型是"时间驱动"。定量订货模型在达到规定的再订货水平后，就进行订货，主要取决于对物资的需求情况，订货时间可能随时发生。定期订货模型只限于在预定时期期末进行订货，是由时间驱动。

最常用的模型是定量订货模型，平衡订货成本和持有成本，计算获得使库存总成本最小的经济订货批量。

库存管理不是简单的需求预测与补给，而是要通过库存管理获得用户服务与利润的优化。目前绝大部分电商企业的库存控制还处于很原始的阶段，远不及传统销售生产企业对库存管理的控制。库存控制涉及多部门协作、多系统交互，而且电商销售不同于传统零售业，传统的库存相关模型也不一定同样适用于电商企业。从供应链上下游协同出发，运用拉动和推动结合的供应链，来更好地实现降低库存、提高服务水平、快速响应用户需求的总体目标。

第 7 章

物流管理

近年来电商的蓬勃发展很大程度得益于物流的成本降低和体验改善，物流模块是电商产品的重要部分。当用户下单时，电商平台会根据物流类型收取运费，出库时要选择合适的物流配送公司，推送相应的订单给物流公司，出库后要跟踪订单的物流状态。另外，电商平台还要与物流公司进行结算对账，如果是跨境电商，还涉及报关，三单对碰，较为复杂。

7.1 物流服务概述

电商目前提供的物流服务主要有三种：普通快递、同城配送、门店自提。三种方式都有着对应的应用场景，消费体验和成本有着较大区别。

（1）普通物流：电商的基础服务设施，使商业跨越了空间的阻碍，也是绝大部分人的日常生活必备。四通一达、顺丰等都是因电商而兴起的快递公司。

（2）同城配送：近年较火的物流概念，主要解决对物流效率要求较高的需求。同城配送主要因为外卖而兴起，成本高于普通快递。

（3）门店自提：在日常生活中较为常见，但目前还没有和电商完美地融合到一起。可以预见的是，门店自提将会是"新零售时代"的重要物流方案。

【普通物流】

物流是个大概念，只要涉及实物运输都属于物流的范畴。在一般的电商企业中，日常主要业务是零担物流，很少有整车物流。下文为了区分描述，将从事小件运输的公司称作快递公司，比如"四通一达"；将大件运输的公司称作大件物流公司，比如德邦物流、佳吉、天地华宇等。

快递公司基于小件货物或单价货物比较多，价格也比较稳定，提供上门取货、送货到家的服务，送货速度也基本能够保证。普通用户接触的大多数是这类公司。大件物流公司基于大件货物或比较多的货物，按照体积和重量来计价。例如家具沙发、轮胎等大件商品，如果用快递成本太高（有些快递也不支持大件运输），这就需要针对这些特殊品类或商品进行单独设置物流方式，选择大件物流公司。

【同城配送】

同城配送模式适合当地有仓并且订单量能支撑同城配送成本的平台，或者直接接入第三方的同城配送服务。同城配送服务不仅在配送速度上有保证，还能改善最后一公里的服务。

相比于普通物流，同城配送主要是针对一些对时效性要求较高的用户。例如在1919酒类网上商城提供的服务，在有门店的城市区域买酒可以选择快递发，或者直接从门店配送，2小时之内送达。

目前同城配送也较为普遍，方式有自营配送和第三方配送两种。自营配送的运营成本较高，需要较大单量支撑；第三方配送目前被采用较为广泛，适合大多数电商公司，水果、生鲜、外卖等对时效性要求较高的行业应用度比较高。目前较为出名的有云鸟、货拉拉、闪送、蜂鸟等服务商。

【门店自提】

线上下单，门店自提，适合线下有许多门店的零售企业。这种方式在很多水果生鲜店应用很多，比如盒马鲜生。随着新零售模式的逐步开展，门店自提的方式会越来越普遍，比如2016年双11时，天猫尝试的门店自提效果就很不错，如图7-1所示是优衣库天猫店购物选择门店自提时的门店列表。

用户在前台看到的运费与实际运费有着较大的区别。电商在收取运费时会考虑将商品利润拿出来补贴用户运费，所以经常有包邮、满

图7-1　优衣库天猫店的门店自提列表

X 元免运费、运费一口价等运费方案，或根据距离、重量收取。前端收取运费时，一是要核算成本；二是尽量简单，能使消费者清晰理解，过于复杂的收费方式会增加运营成本，阻碍用户。

实际运费和向顾客收取的运费有所区别。在各地有多个仓库的自营电商，每个仓库和当地物流服务商都会谈判确定一个服务价格，不同物流公司在同一地区的报价也会不同，所以调度系统在选择出货仓库时，除了要考虑库存、发货距离、配送时效，还要考虑物流成本。这就需要后台录入和仓库对应的各物流公司的物流成本，变量有收发货地区、价格（首重、续重），或某些特殊品类的物流成本。更智能的做法是，通过计算各物流公司的实际配送数据，动态去调整物流公司选择的各参数（时效、成本、距离等）的权重。

7.2　前台物流管理

在前台物流管理上，用户关心的主要是物流方式和运费。所以平台应考虑在普通物流、同城配送、门店自提这几种物流形式中能提供哪些服务方式。

如果支持同城配送，在哪些区域支持？哪些商品支持？收费标准是怎样？同城配送的区域和仓库（或门店）的位置相关，支持商品和各处的库存相关，收费由设置的运费模板决定。

如果支持门店自提，也是同样的问题，主要和门店所在地址相关，没有门店的区域肯定不支持自提。要支持这项服务，除了考虑业务流程（用户提货凭证、店铺线上订单管理及备货），还要完善供应链管理，保证各门店商品品类同步，尽量避免用户选择的门店无货，出现无货时也应该及时调货。

普通物流是目前电商中运用最广泛的方式，商家负责商品售卖，第三方物流公司负责运输。在实际商务中，订单的利润是要部分让利给用户，运费的规则对用户要简单易懂。例如有的平台超过 99 元包邮，99 元内则是运费一口价 8 元——实际的运费和收取的运费肯定是有差距的。

前端运费是通过运费模板来判断的。

【运费模板】

运费模板的应用模式有几种类型，包括店铺运费模板、单品运费模板，以及混合模板。不同运费模板是为了不同的商品特性和运营策略而制定的，产品上，支持运营的多样性要求很有必要。

（1）店铺运费模式：整个店铺采用统一的运费标准，可设置收取固定费用，支持不同区域设置不同的运费标准。例如收取固定运费 10 元；或者满 X 元包邮，不足 X 元统一收取 10 元。

（2）单品运费模式：为店铺内的每个商品设置单独运费，每个商品的运费独立计算，当一个订单包含多个不同商品时，可以选择"运费叠加"或"取最大运费值"两种运费计算方法之一。

（3）混合模式（店铺运费与单品运费同时生效模式）：店铺运费模板与单品运费模板同时生效，店铺运费优先判断。

当订单金额满足运费上设置的免邮金额，按照店铺运费模式计算，不满足时，按照单品运费计算。

如果单品运费模版上设置了单品运费优先店铺运费，单品运费模版绑定的商品的运费单独计算，即使订单金额满足店铺免邮，也会按照单品运费模版计算运费。

1. 店铺运费模板

可按照订单对整个店铺设置运费，设置固定运费或未满 X 元收取运费 Y 元，亦可选择地区分开设置，未被划分的配送区域使用默认配送模板，如图 7-2 所示。

2. 单品运费模板

单品运费可按件数、重量、体积分别设置运费模板，包括首费和续费，亦可以根据地区分别选择设置，具体页面如图 7-3 所示。

当设置单品运费时，会出现一单多品的情况，有"运费叠加"、"取最大运费值"两种方式。"运费叠加"指的是先把这些 SKU 分别单独计算（若同一个运费模板的

SKU，一起计算）得出运费结果，然后再相加。"取最大运费值"指的是，先把这些 SKU 分别单独计算运费值（若同一个运费模板的 SKU，一起计算），最后取运费值中最贵的作为该订单收取的运费值。

图7-2　店铺运费模板

图7-3　单品运费模板

3．混合模板

这种方式运费计算最为复杂，店铺运费与单品运费同时生效，店铺运费优先判断，如果店铺运费按固定运费设置，则全部以店铺运费设置的固定运费为准；如果店铺运费是满额包邮方式，达到包邮标准，则免运费；未达到包邮标准，则按商家设置的单品运费进行收费。

但是如果设置过单品运费优先店铺运费，单品运费规则优先生效。如果达到了单品包邮条件则免运费，否则正常收取运费。一单多品中如果包含单品运费优先商品，那么判断订单金额是否达到店铺包邮时，需要把单品运费优先的商品金额计算在内。如果设置了单品运费优先，单品运费单独计算，然后计算非单品运费优先的商品运费，最后根据一单多品时的运费计算规则（叠加或取最高值）计算最终运费。

在前端运费展示时，根据默认的运费模板来计算运费，返回运费结果到订单页。如果有条件，可以给予用户物流公司选择权，避免后续因物流公司引起的用户投诉。

在前端物流模块中，还需要管理退货地址（用户寄往的地址），一般是仓库的地址。在订单售后退货时，售后审核根据订单发出的仓库选择退货地址反馈给用户。当用户退货提交后，生成退货入库单到仓库。具体的订单流程见第10章"订单管理"。

7.3　后端物流管理

在实际的物流管理中，除了物流公司管理、配送区域、资费等主要功能模块，还有地区物流公司管理、重量体积限制等细节。

前面提到由于大小件的不同运费，对于快递公司与大件物流公司要区分管理，对于大部分商品主要从快递公司中筛选，对于特殊品类的大件商品主要从物流公司中筛选。统一管理物流公司库，但是不一定所有仓库都可用这些物流公司，例如图 7-4 所示，仓库 1 可发韵达、申通、圆通，仓库 2 可发申通、圆通。

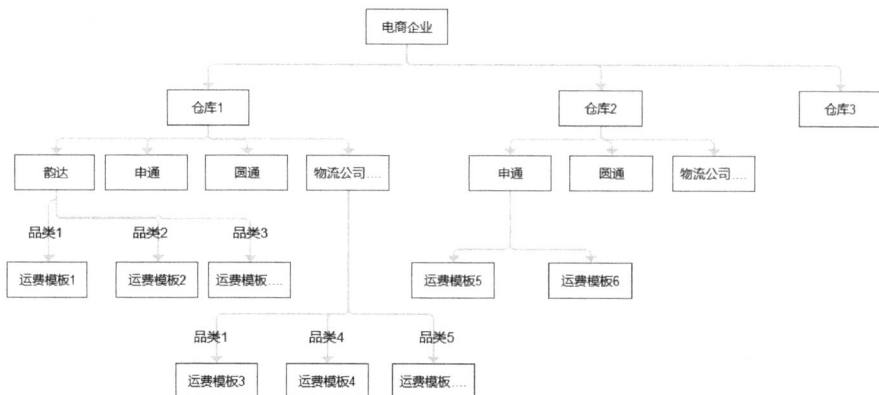

图7-4　仓库物流架构

我们知道，同一个物流公司不管从哪里发货，配送区域是统一的，包裹体积、重量限制也统一，但是不同区域的实际运费收费标准是有区别的。例如：某物流（虚构）的配送区域是华东、华中、华南、华北，不包含其他区域，配送区域对于全国任何一个仓库都是相同的，可统一设置。设置配送区域如图7-5所示。从运费计算上，不同仓库有所区别，需要单独针对不同仓库设置区域运费收费标准（首重、续重），例如上海仓寄到北京首重8元，续重5元；北京寄到上海首重6元，续重6元等。

图7-5　配送区域设置

商品的实际运费远比前端运费要复杂。如果一个电商企业在各地有多个仓库，就需要针对每个仓库中的每个物流公司维护一套运费计算规则。例如图 7-4 所示，电商企业有三个仓库，每个仓库选择不同的物流配送企业。有人会问，全国的仓库为什么不选择相同的物流公司进行服务？原因主要是物流公司在不同区域的服务水平不同，收费标准不一样。有些物流公司是加盟制，区域物流商的话语权很大。另外某些物流商在区域服务很好（例如只在珠三角区域服务），价格还很低，从性价比的角度来选择也很正常。

实际运费的基本结构如图 7-4 所示，同一仓库的同一物流公司还会因为品类不同有不同的运费模板，可能存在不同的协议价。另外还需要对每个物流公司设置配送区域，选择优先级。

对于某仓库的某一物流公司，有些特殊品类的商品运费结算可能不同，有的计重（比如日常生活用品），有的按照体积（比如箱装轻质商品），有的计件（和地方物流商议价，比如轮胎一条运费 5 元）。

同一运费模板，可能针对不同目的地区又存在区别。例如最常见的运费模板——计重，北京仓发往华北区域首重 5 元（3kg 内）、续重 2 元（每增加 1kg）；发往华东、华南等区域首重 8 元，续重 3 元；发往西藏、新疆区域首重 10 元，续重 5 元。

订单选择发货仓库之后，根据 SKU 的毛重、体积等来计算重量和体积，结合配送地址来计算物流成本，结合优先级来选择物流公司。

当我们设置好后端物流的一些基础数据之后，在订单选定仓库之后，就需要为其分配物流公司。最简单的情况是仓库只有一个物流公司，这种情况不需要选择。而当业务量较大，有多个物流服务商时，就需要按照规则进行选择。具体步骤如图 7-6 所示。

（1）判断商品是否特殊品类。如果是特殊品类，例如大型家具只能从大件物流公司中选择；不是特殊品类，就从快递公司中选择。还有是否指定物流公司，例如手机类商品常指定用顺丰发。

（2）根据收货地址匹配来筛选物流公司，例如收货地址在香港，那就筛掉了很多快递公司。

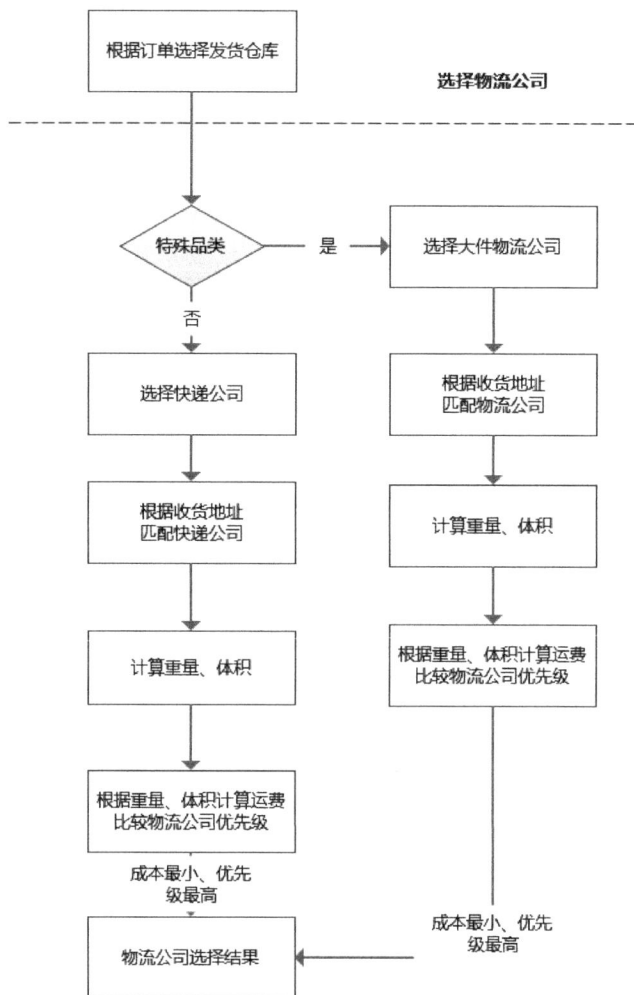

图7-6　物流公司选择流程

（3）再根据 SKU 的毛重、体积来计算订单的重量、体积，用于计算运费，判断有没有达到限重，结合物流公司优先级，选择物流成本最小、优先级最高的物流公司。

（4）返回物流公司选择结果。

以上只是提供了物流公司选择的一种思路，产品经理可以根据实际的业务需求来做物流公司的选择。

　　系统按照规则提供了最优的物流选择结果，客服也可以按照客户要求来进行修改。当最后订单出库后，将物流信息传递给物流公司。

　　还有一个和后端物流相关的环节——对账。我们按照物流公司的规则以及商品的体积、重量计算了一套运费，物流公司根据实际包裹也会出一份运费结果来向我们收费。这就需要提供运费对账的功能，除了对单据，还要比对运费是否有差距，是否在允许的误差内。除了财务对账，据此还能排查出漏发、多发的异常情况。

7.4　物流单号和状态管理

　　物流状态的链接是通过物流单号，货物的追踪也靠物流单号。成熟的电商企业在订单推送至 WMS（仓库管理系统）后，就为订单锁定了物流单号，出库后将物流信息传送给物流公司，通知其揽件。

　　目前常见的物流单号来源于如下几种。

　　（1）从菜鸟接口获取。获取时需传输收件和发件信息，菜鸟接口反馈物流单号。主要是阿里平台（淘宝、天猫），系统会自动获取物流状态。

　　（2）预先从物流公司购买号段，导入系统，使用时直接获取。物流状态通过单号去快递 100 查询，保存在数据库中。

　　（3）自营物流，自己生产物流单号，更新物流状态。

　　在管理物流单号时，应及时将单号从"未使用"状态变更为"已使用"，而当中途取消出库后，还要回收单号。一般 WMS 中都有打印物流单（按照固定模板）的功能，物流公司只需要扫描识别信息即可，不用物流公司另外打单。

　　订单物流发出去了，就涉及给用户反馈物流状态。当订单出库后，反馈物流单号给客户，并且实时更新物流状态，有时候还会将仓库的操作状态融入到物流状态中，如下发至仓库、打单、拣货、复核、出库等。

　　通过各类物流查询接口，实时获取订单的配送情况，还可以定期把这些数据格式化后化存储在系统中，后续可以根据这些对快递进行 KPI 考核。有了订单的详细配送情况信息，就可以对快递公司的各项 KPI 指标进行低成本的量化。

一般物流状态的查询接口都有快件是否被签收的字段，根据这个字段，可以做订单的自动收货功能。例如签收 10 天后，若用户未确认收货，自动确认收货。

7.5　小结

物流管控是电商企业的基本竞争力，良好的物流管控（时效、成本）将较大程度影响客户满意度。本节大致介绍了电商的物流相关事宜，基本上是针对国内物流，对于跨境电商来说，由于其特殊性和复杂度，物流特点会与国内电商有所不同。

第 8 章

采购管理

在电商企业中，采购管理系统是根据企业对商品的需求，确定何时采购、向谁采购、以什么价格采购，以及何时收货等采购事务。以采购订单为核心，对采购订单的来源、执行状况进行管理和跟踪，并产生相应的数据。电商的供应商不同于生产企业，不但有传统的商品供应商，还有虚拟商品供应商、代发、代销等多类型的供应商，在采购执行策略上也有区别。采购系统主要包括供应商管理、采购商品管理、采购订单管理、仓库库存管理、采购预警等五个方面的业务处理。采购系统为相关系统如仓库管理、库存中心、商品中心、财务系统等提供了有效资料。

在大型的供应链管理系统中，采购系统还需要和上下游的系统进行打通。目前大部分电商的采购系统仅在企业内部流通，在实际采购时走线下流程，做得完善些的会为供应商提供后台查看、确认采购订单。采购业务的正确执行，对缩短订货提前期、降低库存水平、节约成本、保证正常售卖和活动促销、提高服务水准等方面，都有重要的意义。

8.1　采购流程

采购系统的核心在于采购单，要设计采购系统，首先要了解采购主流程，从采购发起申请到采购单结束的全过程。在采购过程中，主要涉及采购系统、调度中心、仓库管理系统、财务系统、库存中心等系统之间的信息交互。

如图 8-1 所示，是从新建采购单到采购结束之后的采购全流程。

具体流程包括如下几个阶段。

（1）采购人员根据业务部门的需求或者系统预警，新建相应的采购申请单。

（2）采购管理人员对采购申请单进行审核。如果审核不通过，驳回至发起人进行修改或作废；审核同意之后，生成相应的采购单。有些企业采购申请单还需要财务人员进行审核（图中未示意）。采购人员将相应的采购订单下给供应商（线下或通过供应商系统）。

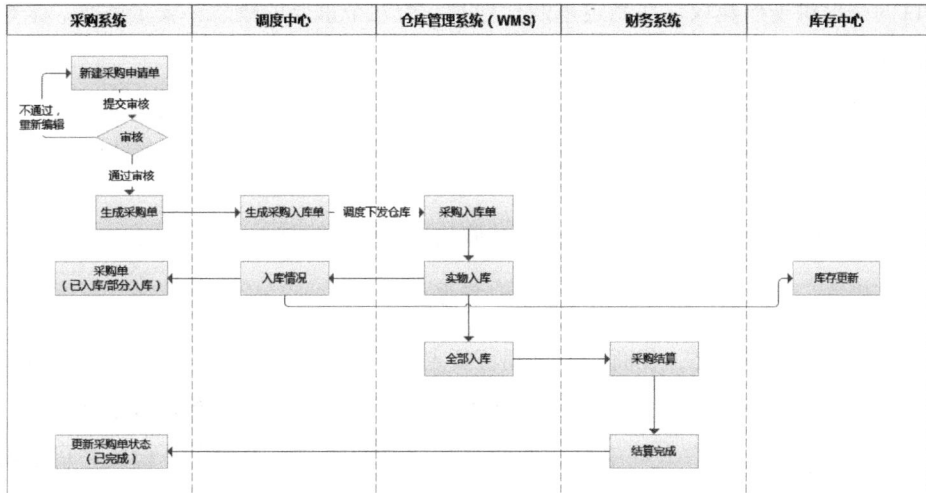

图8-1　采购流程

（3）采购系统生成采购单之后，将相应采购信息（供应商、SKU 信息和数量、入库仓库、预计到货时间等）传给调度中心，由调度中心生成采购入库单下发给仓库。

（4）仓库管理系统（WMS）生成采购入库任务，当实物验货完成之后，返回入库信息给调度中心，调度中心再将入库信息通知采购系统，更新相关信息及状态。同时调度中心去库存中心更新相关商品的库存。

（5）当采购单的实物全部入库后，财务系统根据采购到货情况，与供应商进行结算。

（6）结算完成之后，采购单才算结束，整个采购流程才算走完。

需要注意的是，以上流程中采购单虽然只是在系统内部流转，但实际上采购单需要采购人员线下与供应商接洽，约定预计到货时间。这部分采购商品属于在途库存，有些电商公司会将 2～3 天内的在途库存计算到售卖库存中。另外，采购单有分批到货或者只到部分货的可能性，例如采购了 1000 件 A 商品，分三次（比如每批次件数依次是 300、500、200）到货，可能到了 800 件，供应商就没货了，这就需要允许采购单分批到货，直接终止。

在第 6 章 "库存管理" 中笔者介绍了库存控制的相关方法，进行库存控制的主要目的是提供采购建议。在制定采购计划时，有几个重要的概念：安全库存、采购提前期、订货点、订货量，需要大家注意下。

安全库存：为了防止不确定性而准备的库存。在低于安全库存时进行预警，开始补货动作。在介绍库存控制方面内容时已介绍。

采购提前期：从发出采购订单到订单收货所要经历的时间。

订货点、订货量：何时提出订货，订货多少。

依据库存控制策略，在商品库存到订货点时，生成采购建议。由于电商系统不同于生产企业，在商品需求预测上往往不太精准，更多需求可能和营销活动、时令需求相关，只有少数大型电商企业或垂直电商的商品需求会保持稳定，可准确预估。

在业务规模较大、部门职责明晰的企业中，采购流程会有所不同。通常采购计划由业务部门填写采购申请单（包含预算），经业务领导、财务等相关人员审批通过之后，将采购计划发送至采购部门。采购部门的采购员根据采购计划向供应商询价，或者直接按照采购协议价制作采购单，向供应商采购。这就允许业务方在采购系统中能够编辑采购计划，并实时跟踪采购进度。

8.2 供应商管理

供应商管理是采购业务的核心，特别在电商行业中，由于多种商业模式并存，在供应商管理上就愈加复杂。常见的采购模式有以下两种。

（1）自采自卖：平台从供应商那里采购商品，入库到自己的仓库进行售卖，这些商品的所有权属于平台。这是目前大部分电商采用的模式。

（2）一件代发：主要指商品平台销售出去之后，由供应商代发，按订单结算商品和物流费用，这种模式兴起于淘宝平台，很多小卖家无力自备库存，而选择该模式还能减少库存资金占用。该模式的缺点是对货源掌控力度差，销售末端服务较差。

还有一种不常见的，但是笔者很看好的模式，相信在未来会有越来越多企业采用。笔者先暂且称呼其为"多货主仓库模式"，平台将仓库开放给供应商使用，当供应商的商品入库时，它的商品所有权属于供应商。对于平台和供应商来说，独占、锁定、共享库存这几种形态都可以存在。当平台向供应商发起采购后，将相应商品的货主进行变更就行。库存共享时，当顾客订单下发至仓库时，向供应商发起采购订单，快速处理之后，从供应商库位拣选相关商品，变更商品货主，后面按照采购订单，定期与供应商结算就行。

这种模式不仅解决了采购引发的库存资金占用问题，对销售末端的管控力也增强，还可以充分利用仓储能力，并适当赚取相关的物流费用。对于供应商来说，这种互利互惠的关系可以帮助供应商增强仓库战略布局，不需要重新建仓，直接利用平台的仓储能力就能迅速在全国布局。随着京东、顺丰、菜鸟逐步开放仓储能力，这种模式会越来越常见，并且成为未来的主流模式。

【供应商信息】

在采购商品时，会根据采购的商品去查找相应的供应商，采购流程中首先维护的就是供应商资料。在新增供应商时，需要完善以下信息。

（1）基本信息：包括供应商名称、简称、联系方式（地址、联系人、电话）、供应商类型（自营、代发等）。当供应商类型为代发时，其对应商品的订单会流转至供应商系统，由供应商进行发货。

（2）财务信息：主要是银行账号（银行名称、银行账号、开户名称）、开票信息（名称、银行、纳税人识别号、联系电话等）。

（3）经营范围：品类、品牌，维护供应商的经营范围主要是在采购商品或者扩充 SKU 时，能够迅速从供应商列表中找到合适的供应商，特别是当供应商数量较多时，能够提高采购效率。

（4）经营资质：有些品类需要进行资质审查，比如酒类、医药等商品，在合规的基础上进行采购。

（5）采购合同：采购行为的成立要依靠合同来证明。在企业采购中，最主要的合同有三种类型，首先是确立两家公司合作关系的合同，阐述合作关系、供应商品类等商务条款；第二份是商品协议价合同，与供应商确定所供商品的协议价，这是每次采购的基础参考价，定期更新（半年或一年）；第三份是单次采购单的采购合同。采购单中的商品采购价格不一定是协议价，会根据采购量和市场价格进行调整，或者直接按照协议价执行。

商品的采购成本都是按照采购合同动态变动，在财务核算时要将动态采购成本核算进去，最准确的是仓库按照批次管理商品，进行出入库。

【供应商评价】

在供应链管理体系中，供应商是整个供应链的关键，对于供应商的选择和评价是供应链合作关系运行的基础。对于企业来说，选择供应商包含许多可见和不可见的多层次因素。企业选择供应商除了业务需求，还有实现低成本、高质量、快速反应的目的。

供应商评价是指利用指标评价体系，对供应商供货质量服务水平、准时性、信用度等进行评价，为供应商的选择提供支持。对于电商企业说，在供应商评价时，主要的参考指标有产品质量、交货期、交货量、价格、进货费用水平、信用度等基本评价指标。企业根据企业基本评价指标以及企业的采购能力、管理水平，对供应商进行分级（如 A+、A、B、C 等），按照企业的供应商评价模型，定期对供应商进行评级。

在采购时，优先选择供应商评级高的供应商，逐步淘汰供应商评级低的供应商，引进新的供应商。

在电商产品设计时，系统可以提供相应的基本评价指标参考，具体评级由采购部门线下确定，再将供应商分级结果反馈至线上。因为供应商评价没有固定模型，受可量化及不可量化指标影响，而且与业务有极大相关性。

在供应商的使用周期中，其状态不断变更。供应商状态分为编辑中、审核中、正常、暂停使用、已作废等。新增供应商时，供应商状态为"编辑中"；提交审核后变为"审核中"；审核通过为"正常"；可将供应商暂停使用或永久作废。系统只能对状态为"正常"的供应商下采购单。

8.3 采购商品管理

采购行为针对的对象主要是 SKU，最关键的参考因素是采购价格和库存。在进行采购商品管理时，最基础的商品数据来源于"商品中心"，采购价格来源于"采购系统"，库存数据来源于"库存中心"。

采购商品管理主要是为采购提供数据支持。如图 8-2 所示，采购商品的采购价格、库存都有分层结构，同一 SKU 有动态的实时成本，还有不同供应商的协议价与历史价格；同一 SKU 有总体的库存数据，还有不同仓库的仓库库存数据。

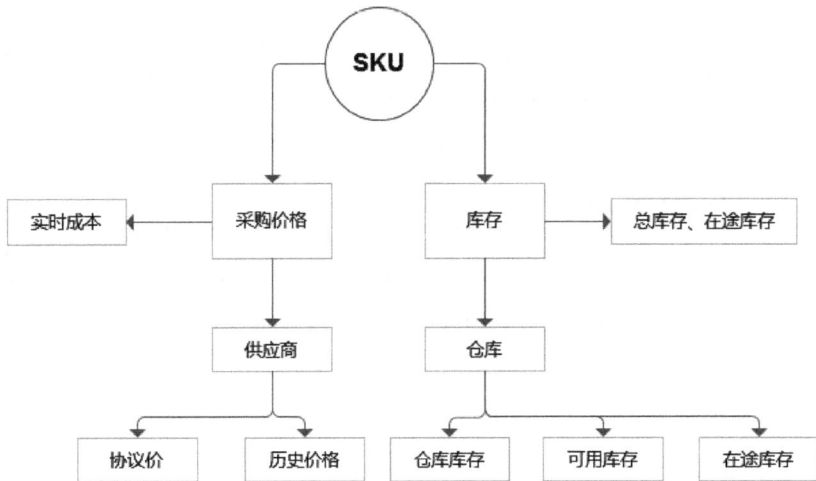

图8-2 采购商品管理分层

在采购商品管理列表中，主要包含数据：SKU 类目、SKU 条码、SKU 名称、品牌、规格、单位、实时成本、总体库存。还有以供应商为纬度的价格数据：SKU 信息、供应商、协议价、最近采购价格、历史价格等；以仓库为纬度的库存数据：SKU 信息、仓库、仓库库存、可用库存、在途库存、周期需求量（1个月或7天等）。

商品的采购成本在动态变动，影响因素有很多，如供应商、市场行情、采购量等。同一SKU通常有多个供应商可以供货，甚至有的供应商只能在部分地区供货。例如某电商在五个地区有仓库，需要给仓库备货商品"FF可乐"，但是"FF可乐"由地区经销商代理销售，那么企业在进货时，就需要区分仓库地址向不同地区代理商（供应商）下采购单。

如表8-1所示，SKU8765678有A、B两家供应商，都与企业签订采购协议，协议价分别为55元、52元，协议价在供应商管理中以供应商为纬度维护，选择某一供应商，录入其可供商品的协议价与最低采购数量。从表中可看到，不同采购单号的采购成本有所不同，例如供应商B的协议价为52元，由于序号3采购单的采购数量较多，实际采购成本为50元。同一时期，不同仓库的供应商有所不同。

表8-1　商品采购成本示例（区分供应商、仓库）

SKU：8765678　协议价：A供应商（55）、B供应商（52）						
序号	时间	采购单号	供应商	成本	仓库	采购数量
1	2017-4-13　19:09:07	S567890968	A供应商	52	北京仓	1000
2	2017-4-12　13:09:07	S567890561	B供应商	52	杭州仓	400
3	2017-3-18　19:09:07	S567890234	B供应商	50	上海仓	1000
4	2017-2-23　19:09:07	S567890103	A供应商	54	北京仓	500

采购行为的触发是由销售需求引起的，采购人员需要了解库存变动情况以及仓库现有库存，据此结合业务预测做出相应的采购决策。由于采购的SKU要进具体的仓库，采购人员需要了解仓库的库存。

如表8-2所示，采购人员需要获取的库存信息有总库存、可用库存、最近1个月的销量，以及单仓的仓库库存、可用库存、3天内在途库存、在途库存、最近1个月的出库量。在途库存是指已下采购订单，但是仍未到货的库存量。3天内在途库存是指预计到货时间在3天内的在途库存。之所以将这部分库存单独拎出来，是因为在不违反出库承诺时间内，可将在途库存计入可销售库存中，其中时间跨度和是否计入视企业的销售策略而定。

表8-2 商品库存示例（区分仓库）

SKU: 8765678	总库存（4000）、可用库存（3940）、最近1个月销量（10000）					
序号	仓库	仓库库存	可用库存	3天内在途库存	在途库存	最近1个月出库量
1	北京仓	1500	1490	200	200	3000
2	杭州仓	800	785	0	300	1500
3	武汉仓	500	490	400	500	1000
4	成都仓	600	590	100	500	2000
5	广州仓	600	585	0	400	2500

除去正常的采购入库和退货入库外，仓库的库存增加途径还有调拨入库。在采购系统中生成库存调拨单，例如从北京仓调拨 SKU 8765678 至成都仓，生成调拨单（包含收发货仓库、时间、物流费用、SKU 信息等），同时自动生成北京仓的调拨出库单，成都仓的调拨入库单。

8.4 采购订单管理

在采购流程中提到过采购的过程并不是直接下采购单这么简单，而需要经过采购申请、询价、下单、到货结算等一系列动作，如图 8-3 所示。

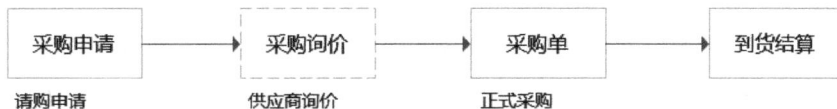

图8-3 采购订单流程

（1）采购申请是指当业务部门或供应链根据需求预测，需要进行采购。在采购系统中录入采购计划，提请相关人员审批。

（2）采购询价是指采购申请审批通过后，由采购员根据采购申请制作采购询价单给相应的供应商，采购询价的对象可多选。询价单发送给供应商之后，供应商反馈报价给采购员（可做进系统流程中，供应商在供应商系统中查看询价单，反馈报价）。

流程图（图 8-3）中将采购询价用虚线圈起来，是由于在许多电商企业中，有两种处理方式：定期协议价或线下询价，很少将这一流程做到线上的。定期协议价是指与供应商签订采购协议合同，约定 SKU 的采购价格及有效期。例如企业与 A 供应商约定 2017 年 ~ 2018 年 SKU678765 的协议价为 85 元，最低采购量为 100 件，那么就不要走询价流程，直接进行采购就行。

（3）采购单是确定供应商与采购价格之后，采购员在系统中录入采购单详情，正式发起采购。供应商在供应商系统中收到相应的订单后，安排发货事宜，反馈预计到货时间，同时生成采购入库单下发相应的仓库。

（4）到货结算指当采购入库后，确认采购单到货，流转至财务进行结算。

【采购申请单】

采购申请单包含的内容主要有仓库、SKU、商品数量、需求时间、申请人、申请备注等，必要时会加上预算，附上相关材料，提请相关人员审核，进入审批流。

采购申请单状态包括：编辑中、审核中、审核通过、已完成。采购申请单经过审批后进入采购员的采购任务列表中。

前面说到过采购询价的过程一般是线下完成或者直接按协议价来进行采购，此处不赘述，下面我们来看看正式采购单的生成过程。

在生成采购单时，首先选择入库仓库和供应商，再添加相应的 SKU 明细（数量、单价）、预计到货时间，以及财务信息（发票类型、支付方式、付款周期、预付款等）。采购单价可能直接是协议价，也可能经双方再次确定。协议价是在供应商管理中维护，相应的付款方式也是在签订合作时确定。在实际编辑采购单时可编辑。采购单详情如图 8-4 所示。

采购单号：S67898778089

状态：等待到货				仓库：杭州仓				采购日期：2016-4-14 16:00:00	
供应商：北京XXX食品有限公司				采购人：李三				采购类型：普通采购	

序号	SKU类目	SKU条码	SKU名称	品牌	规格	含税单价	数量	税率	含税金额
1	食品	345432343	乐事薯片 美国经典原味 145g	乐事	美国经典原味/145g	10	2000	17%	20000
2	食品	324543432	可比克 罐装薯片 青瓜味 105g	可比克	青瓜味/105g	8	5000	17%	40000
3	食品	344654548	好丽友薯片 香烤原味 104g 桶装	好丽友	香烤原味/104g	7	3000	17%	21000
...									
							合计 采购数量：10000		采购金额：￥81,000

预计到货时间：2016-4-16 12:00:00		交货方式：送货到仓/物流发货		交货地址：浙江省杭州市余杭区XX街道88号（仓库地址）
发票类型：增值税专用发票		支付方式：对公转账		付款周期：货到付款/月结
预付款：￥10,000		备注：填写关于采购订单的备注		

图8-4　采购单详情示例

采购还可以批量下单。确定仓库后，选择多SKU，填写采购数量，选择供应商（默认评级高的供应商，可修改）、采购价格等内容。这种方式相当于购物时在购物车里从多店铺选择商品，合并下单。这样的采购单可视为父采购单，下单后，将其拆分生成子采购单，后面的状态跟踪、供应商反馈都在子采购单上操作。

批量下单主要是为了提高采购效率，比如北京仓采购 20 个 SKU，从 5 家供应商进行采购，这样就需要制作 5 次采购单。如果使用批量采购，就可以一次完成。

采购发票在公司财务结构中非常重要，可以用于抵税、凭证等多种用途，所以对于采购发票的进度跟踪、管理就至关重要。

发票是与采购单绑定的，当采购入库、完成结算之后，由供应商开给企业。在采购入库之后，跟踪供应商是否将相应发票寄给企业（供应链或财务），反馈发票号及金额。

第 9 章

仓库管理系统

　　仓库管理系统 (Warehouse Management System，简称 WMS) 是通过出库、入库、库位调拨、库存调拨等功能，综合批次管理、物料对应、库存盘点、质检管理和即时库存管理等功能综合运用的管理系统，有效控制并跟踪仓库业务的物流和成本管理全过程，实现完善的企业仓储信息管理。

　　仓储在企业物流系统中，除了支持企业的销售服务，调节供应和需求，还能降低运输成本、提高运输效率。WMS 属于电商后台系统的服务末端，相对独立，也是实物管理与系统完美结合的应用。通过 WMS 实时同步仓储货物的变化，确保物料先进先出，与采购系统、订单调度系统同步更新库存，管理仓库工作人员的工作流。目前许多中小企业的 WMS 都是用第三方服务商，但是由于电商企业对于订单和库存管理的及时性要求，逐渐开始自建 WMS 系统。

9.1　仓库管理概述

　　从业务上讲，仓库管理系统主要是出库、入库以及仓库内部管理。在整个电商后台体系中，WMS 系统作为进销存体系的重要一环，需要与采购系统、财务系统、订单调度中心、库存中心等系统发生信息交互。如图 9-1 所示，简述了 WMS 与其他系统发生的信息交互。

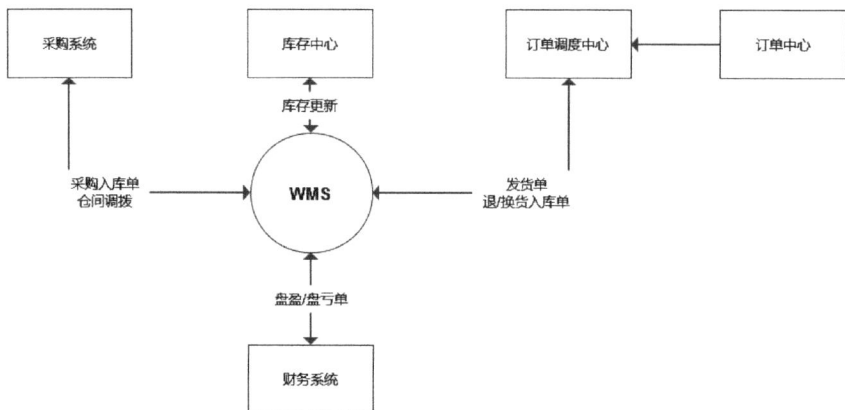

图9-1　WMS与其他系统的信息交互

（1）WMS 与采购系统，主要是采购入库单与仓间调拨，关系到仓库的出入库。

（2）WMS 与订单调度中心，主要是发货单、退 / 换货入库单，关系到仓库的出入库。

（3）WMS 与财务系统，主要是盘盈 / 盘亏单，关系到更新实物与账面的差异。

（4）WMS 与库存中心，在出入库、盘盈 / 盘亏之后，及时更新实物库存的变动。

【仓库区域划分】

要理解 WMS 系统的运作，首先要了解仓库的布局和工作流程。仓库布局是一门很深的学问，而且要随着业务逐步优化，笔者简单画一张仓库布局的示意图，来探讨下仓库的实际工作流。如图 9-2 所示，一般仓库分为分拣区、存储区、不良品存储区、发货暂存区、收货暂存区、复核区、仓储器械存放区域等部分。

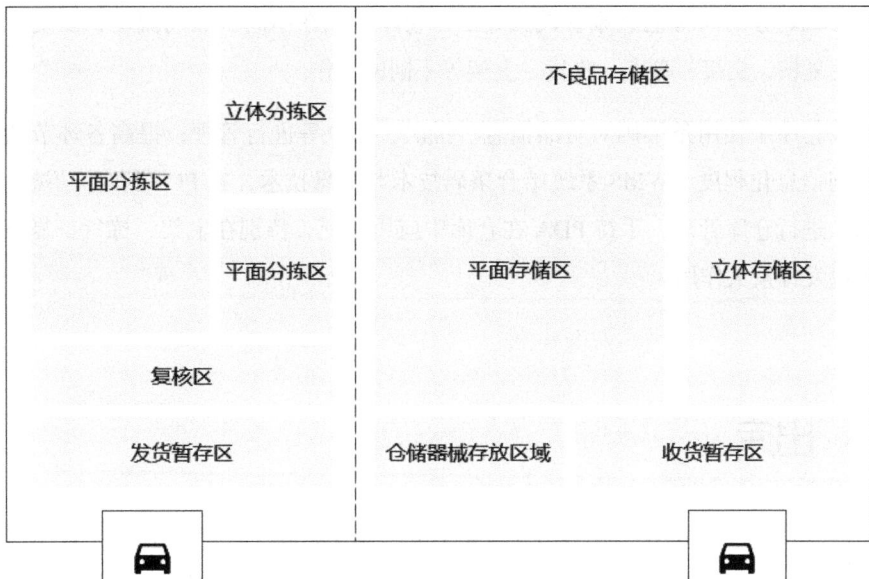

图9-2　仓库布局图

发货暂存区：在复核之后，对商品进行包装后存放的区域，等待交接给相应的物流公司。

复核区：员工拣货之后将商品推送至复核区，复核员按照发货单去检查商品是否正确拣选。

分拣区：分拣区类似超市的货架，存放商品供拣选。分拣员按照发货单及系统指引在分拣区的相应库位上拣选商品到拣货车上。分拣区按照货品分类来划分很多块，例如 A 区存放食品，B 区存放家居日常用品等。一般有平面区和立体区，立体区是指货架有多层。

存储区：类似超市的仓库，存放大批量的货品，当分拣区不够的时候，从存储区进行补货。货物入库之后一般会先进存储区。当业务量较少或动销率较高时，就没有存储区，直接上架至分拣区。

收货暂存区：在采购商品或退货到仓之后，来不及上架时存放的暂时存放区域。

仓储器械存放区域：存放拣货车、叉车等物流器械的区域。

区域划分的同时也意味着人员分工，仓库员工在不同区域间流动，负责打单、拣货、复核、交接、盘点、收货、上架等不同的工作。

在仓库中使用条形码对货品信息、批次、库位等进行管理，提高各环节的作业效率与信息化程度。WMS 系统结合条码技术与信息技术，在 PC 端和移动端（手持 PDA）进行仓库管理。手持 PDA 在仓库中应用广泛，特别在上架、拣货、复核等环节可以发挥重大作用。

9.2 出库

当发货单推送至仓库后，就进入了仓库的任务处理队列中，经历调度、打单、拣货、复核、包装、交接发货等一系列过程，最后交接给物流公司，如图 9-3 所示。

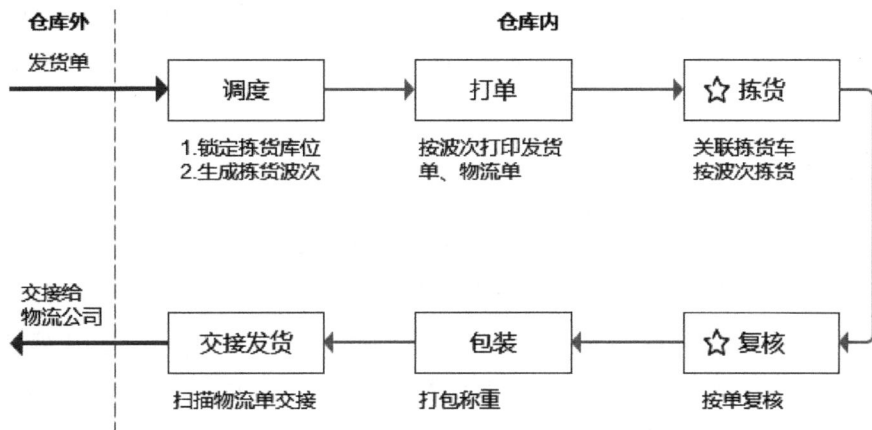

图9-3　出库流程

【调度】

订单调度中心将发货单（包含SKU信息、收货信息、物流公司等）推送至仓库之后，在 WMS 中生成新的仓库订单，系统开始预调度仓库订单，锁定库位库存。同时为订单分配物流单号。

锁定库存的原则是先进先出，不是随机锁定的。上架商品时也是在指定库区中由近及远，先上架最近的库位。上架和下架选择库位规则的统一保证了先进先出的可能性。例如 M 商品在 A01-01-03、A02-01-06、A05-01-02 等 3 个库位存放，上架时选择库位的顺序就是从 A01-01-03 到 A02-01-06，再到 A05-01-02。在锁定库位时，先锁定 A01-01-03 中的库存，不够了再去锁定 A02-01-06 中的库存，最后是 A05-01-02 中的库存。

如果在预调度时，拣货区库存不足，就生成相应的补货需求。

在预调度之后，生成拣货波次。拣货波次是指将几个订单合并拣货，可以提高拣货效率。波次理解起来可能有点抽象，举例说明一下。小卖部来了张三、李四两位顾客，张三要了两包烟、三瓶饮料，李四要了一包烟、两瓶饮料、一包纸巾，店主直接去货架上拿了三包烟、五瓶饮料、一包纸巾到柜台上，然后分给他们。店主的这次取货，可以认为是两个订单合并的一个波次。

拣货波次的原则是选择几个锁定库位相邻，不超出拣货车存放量的仓库订单任务合并。生成拣货波次可按照预设规则自动生成，亦可人工筛选订单生成拣货波次。

【打单】

打单是指将波次对应的物流单和发货单打印出来，以便拣货、复核以及交接发货。发货单放在包裹内，主要是发货单详情。物流单贴在包裹上，类似快递面单。通过菜鸟平台或直接与物流公司打通后，打印的物流单是直接可以识别的，无须替换，最关键的是物流单号条形码。由于拣货任务一般是在 PDA 上操作的，所以打单的环节也可以置后，放在复核前。

【拣货】

拣货任务可分配或者领取。用 PDA 扫描发货单，可识别所属拣货波次，领取波次任务。再去扫描绑定拣货车，按照 PDA 的指引开始拣货，主要是之前预调度锁定的库位库存，拣货之后扣减库位库存。拣货车可以理解成一个拣货的托盘，将其分为几部分，每部分放一个发货单的货。例如一个波次中有 A、B、C、D 四个订单，绑定了一个有四个货位（a、b、c、d）的拣货车，系统会指引 a 货位上放 A 订单，b 货位上放 B 订单，依此类推。

拣货路径的算法在拣货时也至关重要，主要是缩短拣货员的拣货距离。比如一个波次要去 A05-01-02、B01-01-03、A02-03-06、A06-01-02 这四个库位，按照仓库的布局，假设由远及近最短路径的是从 B01-01-03 到 A06-01-02，再到 A05-01-02，最后到 A02-03-06，那么就将该拣货顺序推荐给拣货员，最先去 B01-01-03，应尽量避免让拣货员去思考。

分拣，意味着有拣有分，同一个波次的订单会合并拣货，而放在货位上时会分开。例如，用 PDA 扫描 B01-01-03 库位码，然后扫描商品条码 5 次，拿商品 5 个（A 订单 2 个，C 订单 3 个），分别放在 a 货位上 2 个，c 货位上 3 个。这些操作系统都会在 PDA 上有指引。

拣货员按照系统推荐的拣货顺序完成波次拣货后，推至复核区域等待复核。

【复核】

复核主要是对拣货完成的订单进行核对，保证发货单、实物商品、物流单的统一。扫描发货单上的仓库单号条码，定位到相应的订单，再去扫描商品条码，保证商品和数量无误，最后扫描物流单，校验发货单、实物商品、物流单三者完全一致时，视为复核完成。

【包装】

复核后对订单的商品进行打包，然后称重。从 WMS 系统的角度上说，此举主要是对包裹进行称重或体积录入，甚至拍照存档。可以根据重量、体积参数等检查是否错发漏发。在与物流公司对账时也有相关依据。

【交接发货】

打包完成之后，根据物流单对应的快递公司，推至相应的交接区，扫描相应的物流单号完成交接并发货。

在 WMS 系统中，出库是信息流与实物流的结合，应使用条码技术和 PDA 来指导仓库员工的操作。最大的难点主要是库存管理和拣货路径。这里只介绍了正向流程，还有在出库过程中取消订单，需要返库操作。或者在拣货时库位库存不足、复核不通过等异常情况，在 WMS 系统中都属于必须考虑的模块，这里不做拓展。随着自动化技术和相应硬件融入仓库管理的各环节，出库效率会越来越高。

9.3　入库

商品入库主要是依据采购单，偶尔也会依据退 / 换货入库单、调拨入库单等。当入库单推至仓库之后，经历到货确认、验货打码、商品上架等环节最终完成入库，如图 9-4 所示。

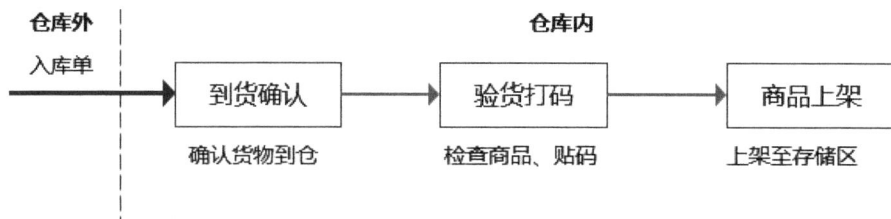

图9-4　入库流程

【到货确认】

入库单推送至仓库之后，在 WMS 中生成入库任务，当相应商品到仓库之后，选中对应的入库任务进行确认，生成相应的验货任务。同时打印相应的入库验货单（采购单、退货单等）。

当仓库收到入库单时，相应的货物不会立马到仓库，确认到货的步骤可以阻拦验货的任务池的纯净。

同一个入库任务允许到货多次，这在实际场景中很常见。例如采购 A 货物 3000 件，一次到货 1000 件，分三次全部到货。

【验货打码】

已到货确认的入库任务流转至验货打码环节，验货员按照 PDA 或者入库验货单上的验货任务去验货，并反馈给系统合格品和不良品的到货数量。

由于采购只收合格品，不良品数量并不被录入到系统中，而是直接退给供应商。验货时，到货数量小于应到数量时，将剩余的未到货任务再次返回到货确认任务池中，等待下次到货。退货单将合格品和不良品都录入到系统中。不良品会上架至不良品库区。

当验货完成之后，通过 WMS 系统打印相应数量的商品条码，由仓库员工进行贴码。

在电商系统中，每个商品都有 SKU 码在系统内部流通。现实中每个商品包装上有自己的条形码（69 码）或者直接没有条码（例如水果生鲜等），如何构建系统条码与实物之间的桥梁？有两种方案。

（1）在商品入库时，对所有商品进行重新贴码，条码信息是系统流转的 SKU 码。如图 9-5 所示，就是在商品入库时重新贴上的自定义 SKU 码。

图9-5　仓库条形码

（2）商品包装上的条形码如果能直接定位到唯一的 SKU，就沿用原条形码，其他的商品进行二次贴码（SKU 码），在扫码时系统将条形码进行映射转换。例如 A 商品 SKU 编码 698559817，包装上的条形码是 6902265210136，当扫描包装上的条形码时，自动转换成 SKU 编码 698559817。

【商品上架】

商品上架不仅包括商品入库上架，还包括补货上架、移库上架、返库上架等情形。上架就涉及库位的选择，入库上架、补货上架会优先选择同一供应商同一 SKU 的库位，若没有再选择空库位。返库上架会优先选择回到原库位。在 PDA 上生成相应的上架任务，员工按照 PDA 将商品上架到相应的库位上，首先扫描库位码，然后商品条码，最后确认数量。上架后更新库位库存信息。

9.4 盘点

盘点，是指定期或临时对库存商品的实际数量进行清查、清点的作业，对仓库现有商品的实际数量与保管账上记录的数量相核对，以便准确地掌握库存数量。

盘点流程如图 9-6 所示。

（1）根据业务需求选择相应库位和商品来创建盘点任务，盘点员拿着 PDA 根据盘点任务去库位进行盘点，录入盘点数据。

（2）当盘点单中所有任务完成后，判断是否有盘盈或盘亏。

（3）若无盘盈或盘亏，盘点单直接结束。若有盘盈或盘亏，提交给主管审核，主管审核不通过，对库存不一致的库位商品重新生成盘点单，进行复盘；主管审核通过之后，提交给财务审核。

（4）财务审核通过之后，生成盘盈、盘亏单，去更新仓库库存。

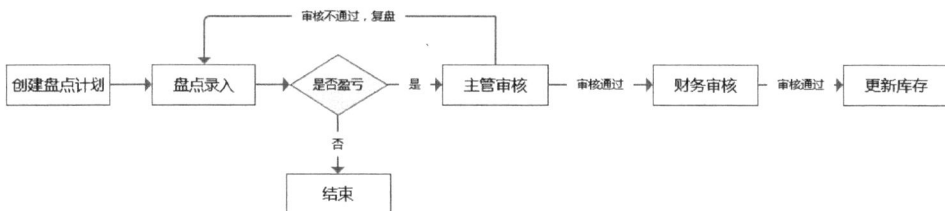

图9-6 盘点流程

盘点的类型分为动盘、抽盘、全盘三种。现在盘点基本是在仓库不停产的情况下进行的，也就是边拣货边盘点。通过 PDA 直接取实时库存进行盘点。

动盘：选取从库位上次盘点之后，截止到目前库存发生变动的所有库位生成盘点单。

抽盘：选取一定条件（库区、库位、商品条码）的库位商品生成盘点单。抽盘是经常用的盘点方式，除了 ABC 分类原则，还有财务抽盘。

全盘：选取整个仓库生成一个盘点单。全盘工作量较大，频次较低，一般按季度或者全年的周期进行。

　　盘点是件工作量较大的事情，每个仓库员工负责的区域不同，同一个盘点单会分配给多个员工去完成。

9.5　库位库区管理

　　前面介绍了仓库布局，在库区设计完成之后，需要将其录入系统，并按照 WMS 系统规则为其编码。由于库位编码规则与拣货路径选择相关，布局要按照 WMS 的拣货路径规则来编码。

　　前文说过，仓库中的库区主要分为分拣区、存储区、不良品存储区、发货暂存区、收货暂存区。给每个库区进行编码（字母或数字）。库位编码和行列、楼层以及货架号相关。例如库位编码 A02-03-06 可表示库区 A 第 2 列第 3 层的第 6 行的库位。

　　在系统中还需要定义库区是立体库区或是平面库区、良品区或是不良品区、存储区或是分拣区等类型。在新增库位后，可以提供库位条码的打印功能。

　　在拣货时需要用波次绑定拣货车，当复核完成之后再释放。拣货车的逻辑很简单，需要界定拣货车上的货位数量（1、2、4、10 等），拣货波次包含的订单数量不能大于拣货车上的货位数。

　　还有移库操作，允许人工将某一库位上的商品转移到其他库位上。

　　如果商品管理模块需要查询维护 SKU 与仓储相关的信息，例如包装、重量、外包装等信息，应与商品中心打通，调用其数据。

9.6　统计查询

　　WMS 系统的统计查询模块主要是关于仓库的流水、库存、工作量等方面的统计，并提供库存预警功能。

出库明细（记录出库的仓库订单）、入库明细（记录入库单及明细）、库存变动明细（记录以商品为维度的变动明细，包括出入库库存、变动数量、实时库存）、总库存查询（实物库存、可用库存、锁定库存等）、库位库存查询（商品、库位、库存、实物库存、可用库存、锁定库存等）、员工绩效统计（统计员工的拣货、复核、打包、交接、盘点、验货、上架等工作量）。

设置安全库存、周转库存，当拣货区库存不足时生成补货任务或者库存预警。

WMS 系统作为基础的仓储管理系统，综合了入库管理、出库管理、物料对应、盘点、统计等诸多功能，旨在有效控制、跟踪仓储物流。不同行业、不同规模的业务对 WMS 的复杂度、专业性要求不同，本章仅介绍 WMS 系统的基础业务流程。在电商支撑系统中，WMS 可能是唯一需要软硬件结合的系统，需要与多种硬件（PDA、打印机、AGV、传送带、打包机等）结合，以文字、图形、语音、信号灯等多种方式传达信息。

第 10 章

订单管理

订单是电商体系的核心，有了订单才有业绩和盈利，才有谈发展、谈梦想的可能性。之所以把订单中心放在最后的部分讲，除了为体现订单中心的重要性，主要是因为订单中心是建立在其他系统模块的基础上，只有理解了其他系统的产品设计，才能更透彻地理解订单中心的运作。

订单中包含商品、优惠、用户、收货信息、支付信息等一系列的订单实时数据。通过订单中心，实现对线上订单、线下订单及第三方订单的管理，支持订单接收、订单自动合并与拆分、自动匹配仓库、库存控制、自动匹配快递、结算与支付等订单生命周期中的一系列协同作业。

依靠灵活多变的订单产品设计架构，可满足电商企业百万级的订单业务处理需求，提升订单流转的工作效率。

在订单生成之后，会随着订单的流转更新状态。不同业务类型的订单状态，例如机票、服务订单、商品服务订单等，和最常见的纯实物商品的订单状态会有所区别。以实物商品为例，我们来讨论一下订单状态的流转。订单状态主要有以下几种类型。

（1）待付款：用户刚提交订单，尚未付款，等待用户支付。由于待付款状态会锁定库存，所以一般会设置超时自动取消（如0.5小时、1小时、24小时等时限）功能。

（2）待发货：用户付款之后，等待商家发货。

（3）待收货：商家已发货，等待用户收货。

（4）交易成功：用户确认收货之后，订单已完成交易。

（5）已取消：付款之前取消订单。超时未付款或用户取消订单都会产生这种订单状态。

（6）售后中：用户在付款后发货前申请退款，或商家发货后用户申请退、换货，都会产生这种订单状态。订单售后状态又分许多种，后面详述。

（7）交易关闭：当售后完成后的订单状态。"已取消"的订单状态可以合并到"交易关闭"中。

订单状态的正常流转是：①待付款、②待发货、③待收货、④交易成功。但订单会有逆向流程，和发生的时间节点及类型相关，情况也很复杂多变。

订单的售后状态主要有以下几种。

（1）待审核：用户提交退货、退款申请之后，等待审核的状态。在用户已付款待发货的状态下，订单未推送至仓库或者在仓库拦截发货成功，系统可直接审核通过。当审核不通过时，回到正常流程中。

（2）待退货入库：退货申请审核通过，等待用户退货入库。

（3）待退款：退货入库成功后，等待退款给用户。

（4）待换货入库：换货申请审核通过，等待用户换货入库。

（5）换货出库中：换货入库之后，生成换货出库单，订单出库。

（6）售后成功：当退货、退款成功或换货成功之后，流转至"售后成功"状态。退货、退款的售后成功在主流程下属于"交易关闭"。

在售后管理中，还有一个值得思考的环节：多次售后。当换货成功之后，在流程上还是允许客户有售后环节的。那么在产品设计中，就应该考虑允许用户多次发起售后。另外系统应设置申诉周期，保证商家利益，例如：在发货之后 7 天自动确认收货，交易成功 15 天后售后通道关闭。

10.1　订单下单

先回想一下我们平时在网上购物的场景。

某天准备出远门时，想到没有充电宝，就打开京东或天猫超市，选择一个心仪的充电宝，"哎哟，居然还有一个 10 元的优惠券"，下单付款，下午快递员敲门，充电宝就到家了。

用户的一小步，系统的一大步。在用户选择商品之后提交订单的一瞬间，订单实际上经过了各系统之间的漫长回路，如图 10-1 所示的订单下单流程。

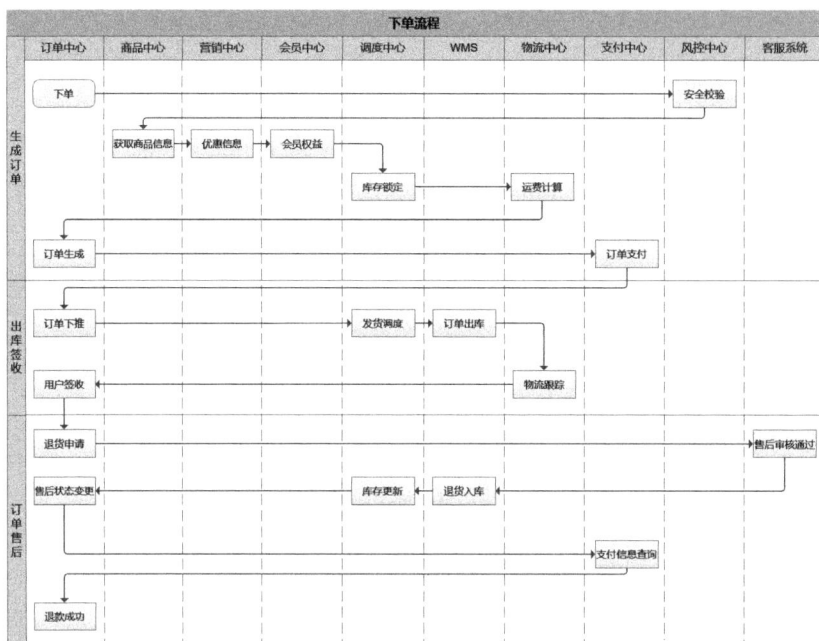

图10-1 订单下单流程

（1）在订单过程中进行安全校验，主要是检测用户是否在黑名单上、用户购买行为是否正常等，当检测到不正常时，终止下单。

（2）从商品中心获取商品信息（SKU、规格、价格等）。

（3）从营销中心获取商品、订单促销信息（优惠券、促销活动），判断是否满足优惠条件，计算出优惠金额。

（4）在会员中心获取会员权益，例如平台抵扣积分、折扣条件等。

（5）在调度中心校验销售层库存，按照调度规则锁定区域库存。

（6）根据拆单规则（商家、仓库、订单类型等）将订单拆分成若干个子订单，根据运费模板计算运费，根据商品金额、运费、优惠金额计算应付金额（实付款）。

至此生成订单，此时订单状态为待付款。如图10-2所示，在存储的订单信息中，主要包含以下内容：用户信息、订单基础信息、收货信息、商品信息、优惠信息、支付信息、物流信息、其他信息等。订单的内容复杂精细，在存储时除了表结构的设置，还应该注意信息冗余。特别是商品信息，由于商品的内容不断编辑变化，要保存下单时的商品快照，避免过长时间后，商品信息丢失。

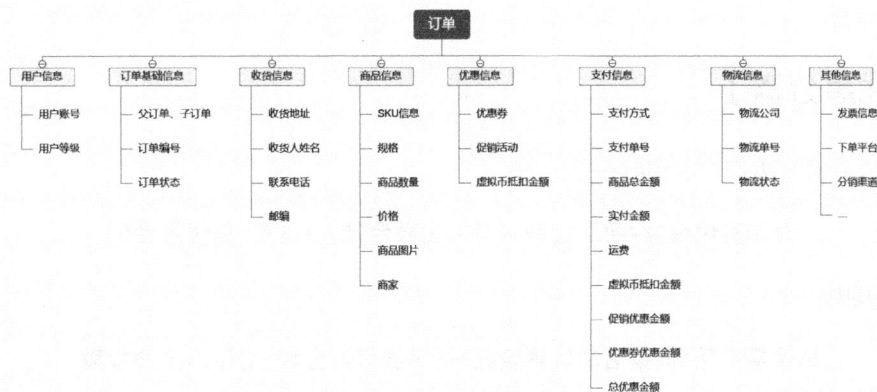

图10-2　订单信息

订单包含的所有信息内容如下。

用户信息：用户账号、用户等级。

订单基础信息：父订单与子订单、订单编号、订单状态。

收货信息：收货地址、收货人姓名、联系电话、邮编。

商品信息：SKU 信息、规格、商品数量、价格、商品图片、商家（店铺）。

优惠信息：优惠券、促销活动、虚拟币抵扣金额。

支付信息：支付方式、支付单号、商品总金额、实付金额、运费、虚拟币抵扣金额、优惠券优惠金额、总优惠金额。

物流信息：物流公司、物流单号、物流状态。

其他信息：发票信息、下单平台、分销渠道。

【父订单与子订单】

当从购物车选中多件商品时，例如选中三个店铺中的商品，会将这次购买行为拆分成三个店铺的订单。这次整体的购买行为记录在父订单下，当系统首次提交订单结算时，会合并子订单，针对父订单进行结算。当提交订单后结算中断，或结算之后，系统在更新订单状态、物流追踪时，针对的就是子订单。

【优惠分摊】

在计算订单应付金额时：

订单实付金额=商品金额（SKU金额合计）+运费−总优惠金额

其中：

总优惠金额=促销活动优惠金额+优惠券优惠金额+虚拟币抵扣金额

到这里，算是完成了订单计算的第一步。但是这里又出现了一个问题。当优惠后的订单发生部分退货时，应该怎么退款给用户？

1. 优惠后订单发生部分退货如何处理

产品经理遇到的情况是：促销活动（如满减）涉及很多商品，优惠券也涉及很多商品，有时甚至跨店优惠。甚至还有整单能享受优惠，部分退货后就不满足优惠条件了，这时候怎样平衡用户、商品、平台之间的利益，在退货、退款时应该怎么处理？

其中涉及用户与平台之间的博弈，也考验着产品规则设计者的智慧。目前的处理规则基本都是"优惠分摊，偏向用户"。

我们先看一下两个场景。

（1）发生售后有可能是平台的原因，不是用户不买，而是店铺的商品有问题。

（2）假设双11时，用户分别在 A 和 B 店铺跨店买了参加满1000减200活动，各买了500元的货品，后来在 A 店退了价值100元的东西。这种情况下，退货后已不满足活动条件，是否要求用户给补100元？如果用户补款，又补给谁？

从上面的例子可以看出，如果将退货没达到条件的促销优惠条件考虑进去，系统复杂度会成倍增加。从人性的角度，我们相信绝大部分用户不会为了达到优惠条件故意多买，然后恶意退货。

最合适的处理方法就是下单时就将优惠金额按比例分摊到子订单、商品上，同样实付金额也分摊到子订单、商品上。退货时退还用户实付金额，而不会去追究用户因退单而没满足促销条件，允许用户占平台的便宜。

2．优惠分摊原则

关于优惠分摊原则，不但应该按比例分摊，还应在满足优惠条件的商品上，按照商品金额的比例分摊，而不是盲目分摊。

先来看一个案例场景。

订单中有甲、乙两店的商品 A、B、C、D、E，包邮。商品 A、D 参加跨店满 200 减 40 的活动（活动 1），商品 B、C 参加满 100 减 10 的活动（活动 2），另外用户还使用了 100 元的现金券。

如表 10-1 所示，订单总共优惠 150 元，其中活动 1 优惠 40 元，活动 2 优惠 10 元，优惠券 100 元。并不是将优惠完全平均分摊至每个商品上，而是按照优惠分摊原则，比如活动 1 在商品 A、D 的优惠金额分别是 40×（80/320）=10 元、40×（240/320）=30 元，其他优惠金额详见表中。

表10-1 优惠分摊的案例

店铺	商品	数量	单价（元）	商品金额（元）	优惠说明	优惠金额（元）	实付金额（元）
甲	A	2	40	80	活动1优惠10元，现金券优惠16元	26	54
	B	2	20	40	活动2优惠4元，现金券优惠8元	12	28
	C	1	60	60	活动2优惠6元，现金券优惠12元	18	42
乙	D	2	120	240	活动1优惠30元，现金券优惠48元	78	162
	E	1	80	80	现金券优惠16元	16	64
合计					活动1优惠40元，活动2优惠10元，优惠券100元	150	350

根据表 10-1 中的数据，我们能够清晰地计算出店铺、商品在每次促销活动中的收入。另外在用户部分退货时，也能按照其实付金额进行退款。例如用户退商品 A、B 时，只退款 82 元（54 元 +28 元）。这样还能避免与用户发生纠纷。

本节主要介绍了订单的正向流程，但是在实际应用中又会衍生出许多变化。例如支付服务：有第三方支付、分期付款、货到付款等，都影响订单的状态；还有自营平台会将出库状态加入到订单状态中；还有从其他渠道（线下订单、京东等第三方订单）导入到系统的订单，不仅涉及与第三方平台的打通，还有对这些订单的管理，以及同步状态至第三方平台。

10.2　订单拆单

订单拆单在电商订单中很常见，也比较复杂。拆单也有两次，一次是在用户提交订单之后、支付之前拆单，这次是拆分的订单；另一次是在用户下单之后，商家发货之前，去拆分发货单（SKU 层面）。

两次拆单的原则不同，第一次拆单是为了区分平台商家、方便财务结算，第二次拆单是为了按照最后的发货包裹进行拆单，如不同仓库、不同运输要求的 SKU、包裹重量体积限制等因素（第二次拆单的有些步骤也可以放在第一步）。

需要注意的是，若是跨境商品平台，则需要在支付前完成所有拆单步骤，因为报关需要三单对碰，订单、支付单、运单与进口清单一致。

【为什么要拆单】

拆单，顾名思义就是客户在下单时，为了发货和结算方便，后台需要对订单进行拆分。

影响拆单的因素主要有以下几点。

（1）店铺商家。由于商品归属权不同，涉及财务结算和发货的问题。店铺商不同，需要拆分订单。例如京东自营和平台各商家的商品在下单时会拆分成不同的子订单，因为售后入口不同；不同淘宝、天猫店同时下单会按照店铺进行拆单。

（2）仓库。由于发货仓库不同，按照商品归属的仓库进行拆单，若有多仓有货，还应按照地域时效选择仓库进行拆单。

（3）品类。由于商品属性和价值的不同，同样会产生拆单需求。例如易碎品需要特殊包装，超大物品（儿童座椅、轮胎）需要单独包装。甚至有些品类不同的商品不能放在一起，都需要按不同情况来定义拆单规则。

（4）物流因素。不同物流公司对单个包裹的重量或体积都有特殊要求，需要根据 SKU 的毛重和体积计算包裹总重量和体积，超出物流公司限制的也需要拆单。

（5）商品价值。这方面的拆单主要是跨境海淘商品，根据当前国家政策规定：跨境电子商务零售进口商品的单次交易限值为人民币 2000 元，个人年度交易限值为人民币 2 万元。当单次购买超过 2000 元（单仓）之后，就需要对订单拆单。

【拆单流程】

根据拆单的一些影响因素，对订单进行拆分。

在拆单时，跨境电商和国内电商的流程会有不同，其区别点主要如下。

（1）跨境电商一般是单品单仓，同一个 SKU 只在一个仓库有，而国内电商一般有多个区域仓，从时效最高的仓库发货。

（2）跨境电商需要报关，必须三单统一，所以拆单只能发生在提交订单后、支付前，而国内电商除了平台商家不同需要在下单时就拆单，其他的拆单步骤可在下单之后再拆发货单。

（3）报关限额，只有跨境电商需要考虑。

想更多了解跨境电商的业务，可参考第 12 章"跨境电商的不同点"。

如图 10-3 所示，简单解析一下拆单的流程。一般在下单时会考虑商家分类与仓库的因素进行拆单，其他的因素会在支付后发货前再考虑进去，用于拆分发货单。

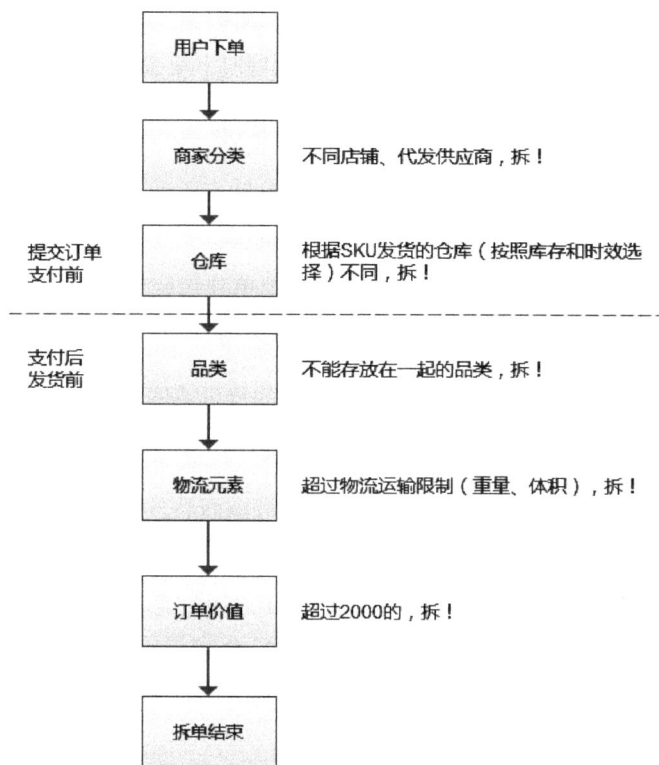

图10-3　拆单流程

【拆单之后的前端显示】

在用户提交订单之后、支付之前的拆分订单，需要即时显示给用户，若用户中断支付，再回到支付环节，就需要分开支付，如图10-4所示。用户就能知道，是不同的包裹发过来的，分属不同的子订单。售后也是对子订单进行操作。

在支付之后，系统根据一些影响因素进行拆单，同一个子订单可能会对应多个物流单，在订单显示页面查看物流信息时，需要展示多个物流信息。但是现在许多平台只能一个订单对应一个物流单。有些订单商品数量过多或商品体积过大，一个包裹装不下。仓库分多包裹发货，反馈给前端就一个物流单号，信息反馈上就有些瑕疵。可以通过一个订单对应多包裹实现。

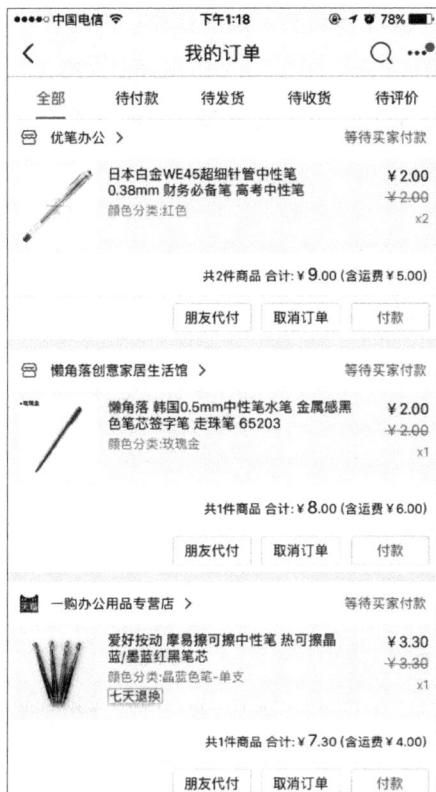

图10-4 订单拆分（天猫）

关于支付，虽然几乎所有平台都会通过合并支付的方式简化支付环节，但发起退款时还是会在原支付单号基础上，根据子订单分摊实付金额进行处理。

拆单的系统比较复杂，要做得非常完善，对于大部分电商公司来说，都有很大的困难，这需要打通从订单系统到 WMS 系统的许多环节，所以需要在产品设计上进行取舍，根据平台的具体需求来确定拆单需求的优先级。

10.3 订单售后（退货退款）

在订单生成之后，订单的流转过程中会出现不同的逆向流程。如图 10-5 所示，待付款状态下取消订单；待发货状态下取消订单；待收货状态下申请退货或退款；交易成功状态下申请退货或退款。在不同节点出现退、换货，系统的处理方式不同。订单逆向流程分为用户主动发起与客服发起等两种方式，下面以用户主动发起售后为例，聊聊订单逆向流程。

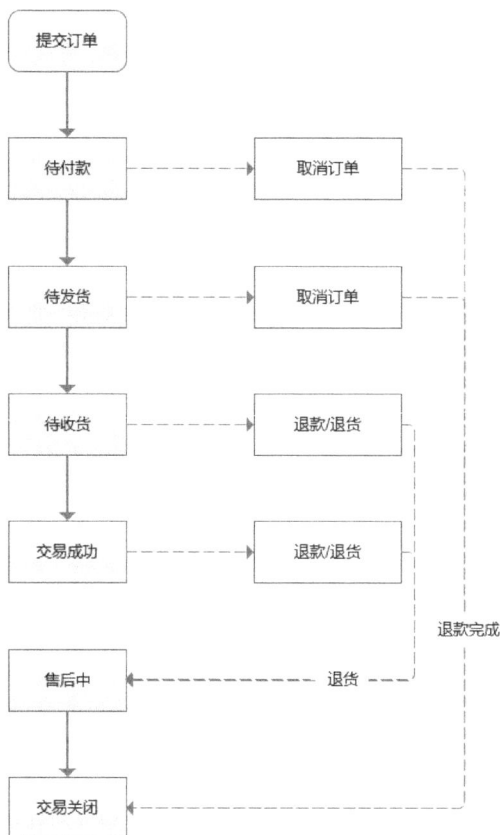

图10-5　订单逆向流程

【待付款取消订单】

当用户提交订单后主动取消订单或者用户超时未支付时，订单的状态变更为"已取消"，不需要经过客服审核，如图10-6所示。

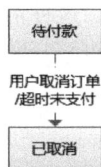

图10-6　待付款取消订单

【待发货取消订单】

当订单在"待发货"状态时，用户申请取消订单，如图 10-7 所示。由于用户在支付订单后，发货单可能已经推送至 WMS，甚至已经交接发货，状态未及时回传更新。为避免货款两失，要先暂停订单出库，在调度中查询订单是否推送至仓库，若尚未推送，则停止推送；若已经推送，则去 WMS 拦截发货，暂停出库流程。若暂停失败，则拒绝"取消订单"申请，回复原因"订单已出库"；若暂停成功，"取消订单"申请通过，进入退款流程，同时通知调度中心该订单取消，WMS 订单进入返库流程。

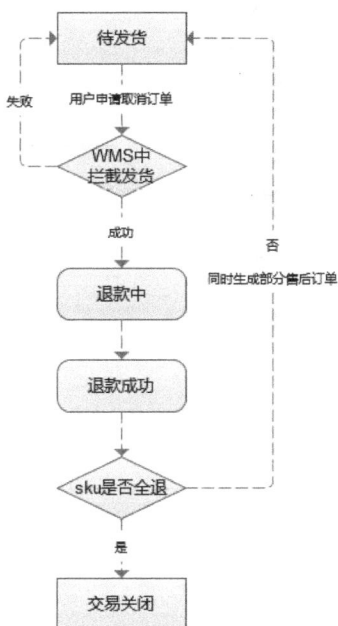

图10-7　待发货取消订单

很多平台支持订单部分商品退款，这种情况下订单逆向流程比较复杂。当 SKU 全退时，原订单的状态直接变成"交易关闭"。当发生订单中部分商品退款时，原订单的状态不变，维持"待发货"状态，同时生成部分售后订单。

【待收货/交易成功退货】

当订单在"待收货"或"交易成功"的状态时，用户申请退货，如图 10-8 所示。首先解释下"待收货"状态下为什么允许申请退货？当发货之后，用户不想"确认收货"，想直接退货，这是很常见的用户心理。

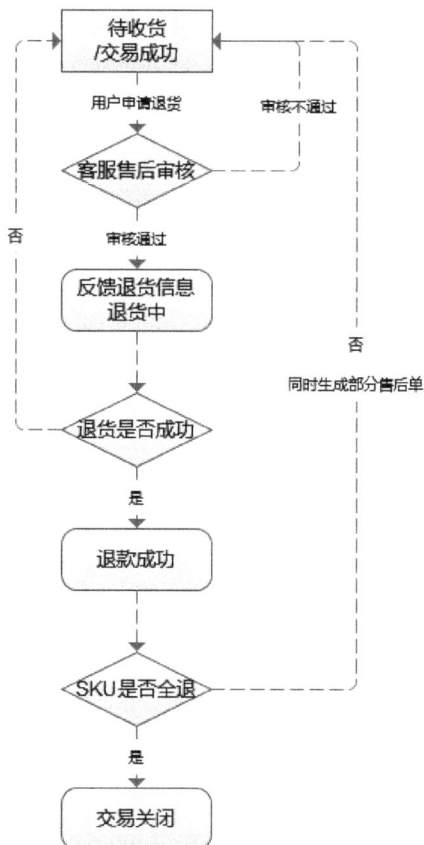

图10-8　待收货/交易成功退货

用户提交退货申请之后，需经过客服审核。审核不通过，回到原状态；审核通过后，告知用户退货地址（仓库）或者上门取件，用户填写退货信息（物流单号等），才正式进入退货核心流程。系统生成退货入库单，当仓库收到退货之后，进行退款。

很多平台支持订单部分商品退货，当 SKU 全退时，原订单的状态直接变成"交易关闭"。当发生订单中部分商品退货、退款时，原订单的状态不变，维持"待收货"或"交易成功"状态，同时生成部分售后订单。剩余的订单商品仍然允许进行售后。

【待收货/交易成功退款】

当订单在"待收货"或"交易成功"的状态时，用户申请退款，如图 10-9 所示。这时候会有一个疑问，都发货了为什么会允许仅退款不退货这种情形？这种情形偶尔会发生，如快递丢件、错发漏发、定制产品寄回来无用等。

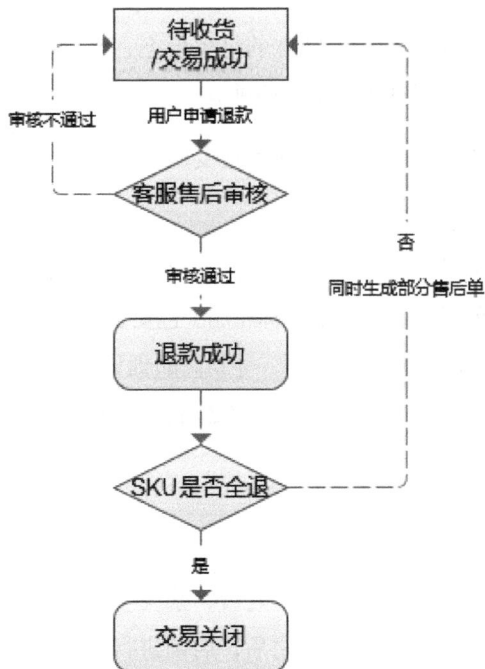

图10-9 待收货/交易成功退款

用户提交退款申请之后，需经过客服审核。审核不通过，回到原状态；审核通过后，系统进行退款。同样很多平台支持订单部分商品退款，当 SKU 全退时，原订单的状态直接变成"交易关闭"。当发生订单中部分商品退货、退款时，原订单的状态不变，维持"待收货"或"交易成功"状态，同时生成部分售后订单。剩余的订单商品仍然允许进行售后。

在订单逆向流程处理时，涉及系统财务数据的变化，而每一次数据的变化，都不能直接在原数据上直接修改，而需要生成相应单据凭证。例如退款要追溯售后单号及退款单号，退货要有退货入库单等。在设计逆向流程时，应保证数据变化的可追溯性，否则会对财务数据和订单统计数据造成影响。

10.4 线下服务订单

在实际生活中，还会遇到一些特殊的订单形态，不同于实物商品订单。纯服务订单及商品服务订单就属于其中典型的两种。

纯服务订单是指线上购买服务，线下接受服务。例如在美团中团购一张餐券，线下去店里消费。

商品服务订单是指在线上购买商品，商品收货之后，去指定门店接受商品附加服务。例如在途虎养车网上购买了米其林轮胎（包安装），在购买时选择"配送到家"或"配送到门店"，同时选择服务门店，等到商品到货之后，用户直接开车去门店，凭借服务核销码接受安装服务。当安装完成之后，订单才算流转完成。

【纯服务订单】

对于纯服务订单，当提交订单付款之后，系统生成核销码，如二维码或者一串字母数字组合。当用户到店接受服务之后，店铺进行核销，核销码失效，订单交易成功，如图 10-10 所示。

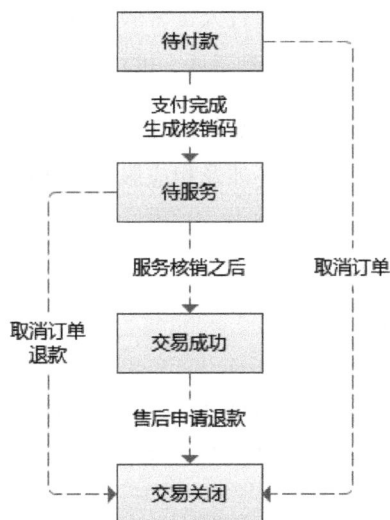

图10-10 服务订单流程

当订单在"待付款"状态时，取消订单或超时未支付，订单关闭；当订单在"待服务"状态时，申请取消订单，判断核销码是否使用，作废核销码之后进行退款；当"交易成功"后用户申请售后，就需要客服介入，当确认申诉属实时，进行退款。

【商品服务订单】

对于商品服务订单，正常的流程如图 10-11 所示。商品发货之后将服务核销码发送给用户，当商品到货后，提醒用户进行商品附加服务。服务核销之后，交易流程才算结束。

在系统中，可以将服务当作一种特殊类型的 SKU 来处理。例如购买了轮胎，赠送轮胎安装服务。将安装服务绑定到轮胎上，类似赠品。这类商品与服务之间的关系，可在商品中心进行维护。当购买此类商品后，订单进入商品服务订单流程。在下单时客户可选择服务门店（进行安

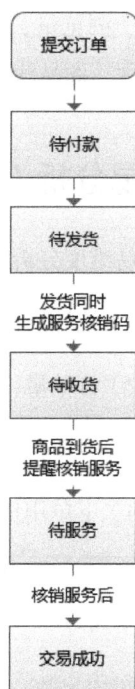

图10-11 商品服务订单

装轮胎服务），也可以不选，后期通过人工客服指定门店。当选择门店之后，可选择送货到家或直接送到门店，当商品到货后，进行商品服务。

商品服务订单流程不同于一般商品的流程在于：当实物商品发生售后时，服务核销仍有效。服务商提供服务后，还涉及相应服务的结算，为避免服务商刷单，应提供相应核销码作废功能。

10.5 订单数据统计

作为电商企业，除了关注产品本身之外，还应注重订单数据中的信息，从数据出发，有目的性地去改善产品和指导运营。订单数据统计分为常规统计和流量分析统计。

常规统计倾向于财务统计，主要包括销售额、毛利、成本、纯利润、客单价等。流量分析统计更多是为了指导电商平台运营工作，分析用户行为、订单流量等，如访客数、浏览量、支付转化率等。在订单流量分析中又分为三个维度，分别从订单交易纬度、商品纬度、订单来源等三方面来分析。

【交易分析（从订单层面）】

交易维度分析需要统计以下几个数据。

（1）统计周期内的订单销售额（统计周期可以是日、周、月或自定义）。

（2）订单量：统计周期内的订单量。

（3）客单价：统计周期内，已支付的订单平均金额。

（4）下单用户数与支付用户数。

下单用户数：统计时间内，提交订单的去重买家人数，一个人购买多件或多笔，只算一个人。

支付用户数：统计时间内，提交订单并支付的去重买家人数，一个人支付多件或多笔，只算一个人。

（5）支付新用户数与支付老用户数。

支付新用户数：统计时间内支付一次且在最近365天内首次支付的用户去重人数。可能会存在以前有下单未支付而统计时间段内来支付的用户。

支付老用户数：统计时间内支付多次（>1次），或最近365天内有过支付且统计时间内再次支付的用户去重人数。

（6）订单金额分布：订单金额在各价位之间的占比，如订单金额在100元以内的订单占比30%、在100 ～ 200元以内的占比40%、在200 ～ 350元以内的占比20%、在350元以上的占比10%。可以更加清楚知道店铺用户的购买力价值分布，可以针对性地提高用户客单价。

（7）地域分布：分析各区域的购买转化率及订单量、客单价，有针对性地进行营销。

【商品分析（从商品层面）】

商品维度分析需要统计以下数据。

（1）被下单商品数：统计周期内，被下单数 >0 的上架商品数总和。

（2）被支付商品数：统计周期内，被支付订单数 >0 的上架商品数总和。

（3）被访商品数：统计周期内，被访问 UV 数 >0 的上架商品数总和。

（4）商品收藏次数：统计周期内，商品被来访者收藏的次数。

（5）商品销量统计：统计周期内，按单一商品纬度统计上架商品的销售数量，按品类统计销售额、销量。

（6）加购件数：统计周期内，买家加入购物车商品件数之和。

【订单来源分析】

订单来源分析需要统计以下数据。

（1）统计出每个订单的来源，包括订单的来源媒介（站外广告渠道）、用户端

（APP、H5 商城、PC 端等）。

（2）记录每个订单的产生流程，包括在订单创建之前的商品浏览、加入购物车、提交购物车等关键步骤的数据分析。

（3）追踪订单来源，包括来源的媒介、来源关键词、来源网站等。

10.6　扩展：购物车

"购物车"真的算是实物虚拟化的伟大创造，对比 Amazon、eBay 的购物车，国内的电商公司又将购物车的功能潜力挖掘得淋漓尽致。如图 10-12 所示，分别是淘宝、京东、Amazon、考拉的购物车。不论在移动端还是 Web 端，购物车都是电商用户端的重要模块。我们主要从购物车的使用场景、产品设计以及订单结算来介绍购物车。

【购物车的妙用】

购物车在实际使用中对用户来说，兼具凑单、促销、收藏的功能。

1．凑单

在用户浏览商品详情页的时候，有两种选项：一种是"立即购买"，另一种是"加入购物车"。当用户本身需求较多，想一次购买多种商品，或者参与到优惠活动中（如满减、满赠等），这时候会将商品加入购物车进行凑单。

2．促销

购物车还有促销方面的功能，用于提高客单价。当有促销活动（满减、满赠）时，用户将商品加入购物车之后，可以查看是否满足优惠条件和优惠之后的金额（不包含优惠券）。

3．收藏

对于大部分用户来说，购物车发挥更多的是收藏的作用："这东西看着不错，等以后再下单。"另外还有筛选的作用。比如笔者网购时，会先加入购物车收藏，后面有时间再在购物车中筛选之后购买。

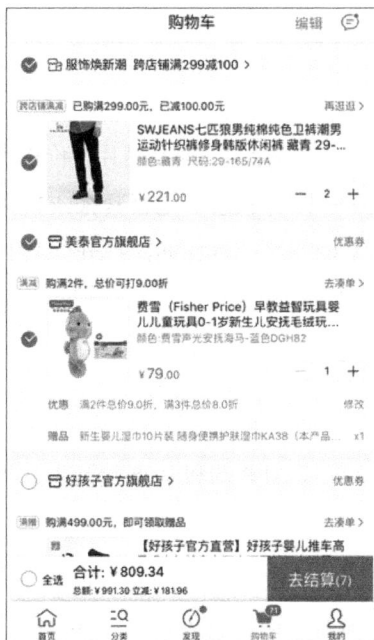

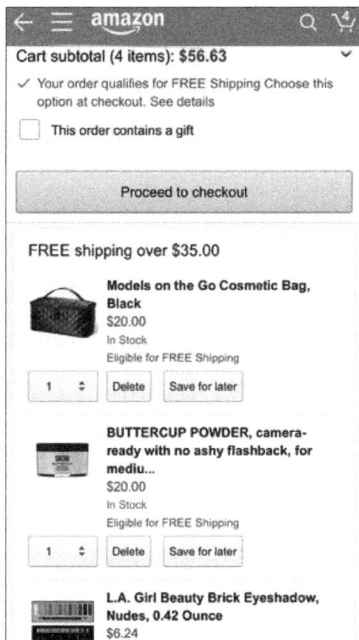

图10-12　京东、天猫、Amazon、考拉的购物车

【购物车的设计】

1. 通用显示

购物车在展示时，基本的展示信息主要有：商品标题、商品图片、价格、数量、规格（颜色、尺码等）、商家（自营或店铺）、库存状态（是否紧张或缺货）等。如果是跨境商品，还需要显示税费。购物车中的商品信息在初次打开（APP 或 Web 端首次进入）或刷新时，商品信息、促销信息都同步更新。

购物车的选中策略有三种：打开时默认全选、打开时默认全不选、云端同步选中状态（不同设备打开时继承上次选中记录）。

用户的购物车数据需要记录在数据库中，保证 APP 端和 Web 端同步，下次登录后不会丢失。

2. 离线购物车

离线购物车指的是用户在未登录状态下把商品加入购物车，一般通过创建虚拟用户实现。为了更好的用户体验，需要让用户在下单之前，允许未登录先将商品加入购物车。

用户登录之后，涉及离线购物车和在线购物车合并。首先判断当前是否有离线购物车，然后将离线购物车的数据和在线购物车的数据进行合并。

3. 库存监控

由于商品库存会发生变动，在库存紧张或无货的时候，会在前端给予提示。除了提醒用户，在库存紧张时还有促单的功效。购物车更新时，去查询对应的商品库存，判断当前商品的数量，当库存数大于 0 并小于提醒值时，提醒用户库存不足，请尽快下单；当库存数等于 0 时，提醒无货；当商品下架后，提示商品无效。

无效商品进入无效商品列表中，可批量清除。

4. 排序分类

商品在购物车中显示有几个纬度：①商家店铺，将不同店铺的商品分开；②优惠不同，在购物车中将优惠活动相同的商品聚合在一起；③加入时间，按照加入购物车的时间倒序排列，最近添加的商品排列在前。

5．促销信息

购物车中显示促销相关信息，类似满减、满赠、赠品等信息。例如在购物车中显示"满 500 减 100"、"全场满减"、"商品的赠品有哪些"。还可以引导客户去店铺领取优惠券。在购物车中展示促销信息对提高客单价有良好效果，笔者认为目前最好用的购物车非京东莫属。

6．商品推荐

在购物车底部，是最好的商品宣传位，可以添加为商品推荐区域。至于商品推荐的内容，会根据用户数据做定向推荐，这里不做扩展。

7．价格监控

购物车的商品价格变动时给用户提示，比如降价 20 元，会对用户的消费决策产生影响。

8．编辑

编辑购物车时主要可以进行的操作：删除商品、加减商品数量、更改商品规格等。如图 10-13 所示。

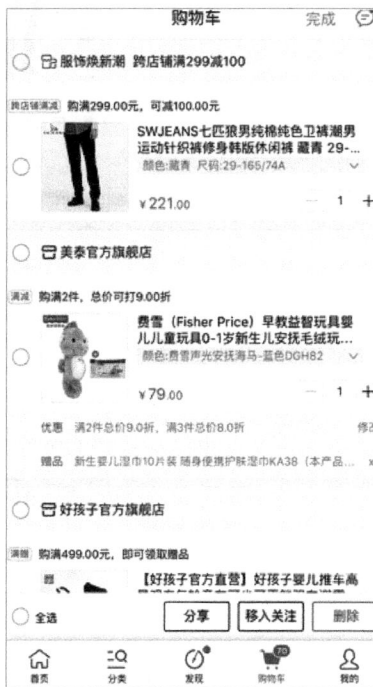

图10-13　编辑购物车

【购物车的结算】

在购物车选中商品时，会实时算出订单金额。在购物车中计算时，需要将优惠金额算进去，但是这部分优惠只包括满减的部分，如图 10-14 所示。例如商品订单 1000 元，但是满 800 减 200，那购物车中显示的订单金额为 800，优惠 200。若是跨境商品，则需要考虑税费。

在购物车中未将优惠券的优惠金额算入，主要是因为实际场景中可能有多种优惠券满足订单的情况，用户可根据需要自由选择相应的优惠券。

这里有个优化点，可以提示使用优惠券最多可优惠多少元。

图10-14 购物车结算

总结一下。移动端和PC端的购物车在设计上虽略有不同，但是核心要点都是一样的。良好的产品逻辑、友好的购物车设计能够促成交易达成，提高客单量。

第 11 章

其他系统综述

电商系统是一个有着众多系统模块的庞大体系，从商品、订单系统一直到财务系统、客服系统等。前面讲了电商后台产品中一些主要的系统，除了这些常见的系统，还有客服系统、财务管理系统、风控系统、TMS 系统、商家管理后台（店铺管理）、会员系统、调度中心、支付系统、权限系统等。在内容电商的后台产品线中，还有管理用户内容（UGC）以及自运营内容的系统。下面仅就部分系统进行介绍。

（1）客服系统

客服系统包括在线客服、话务系统以及工单系统，和订单系统密不可分。客服分为售前和售后，售前主要是解决客户关于产品上的问题，售后主要是解决客户的售后问题。很少有电商企业能自己构建一套在线客服（包括智能机器人）、话务系统，一般都是使用第三方服务商的系统，如 Udesk、七鱼等。在订单系统中会增加售后申请审核、取消订单、退货、退款、订单补偿等功能，来满足客服的售后需求。当订单量较大时，为了分工明确（售后审核、退货确认、售后回访等），还会增加工单系统，用来管理售后单的绑定关系和流转，保证售后单的流转效率，同时可以对客服进行绩效考核。

（2）财务管理系统

电商的财务管理系统主要包括成本管理、销售管理、财务数据分析等内容。与传统行业不同的是，电商行业的采购成本、库存变动较为频繁，成本较难核算。电商的销售订单由于售价变动频繁、优惠较多等一系列因素，导致销项数据不准确，还有退货退款、售后补偿等情形，相比传统的财务管理软件，这些因素都决定了电商财务管理系统的设计难度更大。

（3）风控系统

风控系统主要是防范账户风险、交易风险。在电商中最重要的是防作弊，包括恶意领取超值优惠券、恶意秒杀占用库存、商户刷单，还有用户会频繁购买，然后恶意退货退款，这些行为都会对平台造成损害。风控系统通过对用户行为进行分析，加强平台安全技术来保证交易安全。

（4）商家管理后台

商家管理后台是平台提供给商家用的系统，包括订单、商品、促销、CMS 系统等，提供给平台商家来运营管理店铺，相当于另一个电商管理后台，很多功能可以将平台后台功能平移给商家后台。商家管理后台的功能丰富度、自主性会很大程度影响平台商家的积极性。

下面特别详细讲一讲会员系统、调度中心、支付系统、权限系统。

11.1　会员系统

会员系统主要是管理用户信息，通过一系列满足用户心理、提高黏性的方法来实现开发新用户、增加用户活跃度的目的。会员系统有一个升级版的名称：CRM（客户关系管理）系统。相比传统的会员系统，CRM 系统是一套完整的客户关系开发、管理及流程管理的解决方案，赋予企业完善的客户交流能力，使客户收益率最大化。

对于电商系统，会员系统主要分为针对 C 端和针对 B 端两种，相比传统企业的CRM 系统，功能相对简单。针对 C 端的会员管理主要包含会员基础信息管理、会员成长体系和积分体系这三部分。针对 B 端业务的会员管理系统还涉及 B 端用户的组织架构管理、客户拓展等功能。在 B2B2C 的电商平台的会员管理中，还需要对会员体系进行分层。每个店铺都可以对其会员进行独立管理。平台会员、店铺会员体系独立存在，独立运营，并且可交叉匹配，统一管理平台用户信息。

【会员基础信息管理】

先想象下场景，当用户从客服入口进来，咨询了一个订单，用户的陈述一般是"我的订单怎么还没发货"、"刚在你们这买的衣服尺码小了"等主观陈述。客服的第一反应一般是"这个用户是谁？"、"买过什么？"等，这时候就会去会员系统中查询用户信息。

会员的基础信息管理是聚合用户信息的一个出口，包括用户的基本信息、优惠券信息、订单信息、售后信息、会员等级、会员积分等内容。可以看出会员系统还涉及与其他系统之间的一些信息交互。

（1）基本信息：包括注册时间、注册手机号、性别、会员等级、会员积分、会员余额以及收货地址等相关信息。

（2）优惠券信息：用户账户中的优惠券明细及状态，包括优惠券金额、使用条件、领取时间、使用时间、有效期及使用状态等。优惠券可链接到优惠券明细。

（3）订单信息：用户的订单记录列表，显示订单主要信息（下单时间、状态、金额、收货信息等）。可链接至订单管理中的订单详情，对订单进行相关操作（退货、退款等）。

（4）售后信息：用户的售后记录列表，显示售后主要信息（下单时间、售后申请时间、状态、金额、收货信息等），可链接至订单售后管理。

（5）会员等级：主要是会员成长明细，记录成长值增减的原因和时间，以及升级历史，可以修改用户等级。

（6）会员积分：会员积分变动明细，记录积分的来源、消耗。

【会员成长体系】

在会员等级管理中，有个经常用到的词：成长值。用户的成长值决定了用户的会员等级。

以目前最大的两家电商平台为例，淘宝的成长值叫做"淘气值"，不同的淘气值对应不同的会员等级（普通会员、超级会员、APASS），如图11-1所示；京东的成长值就叫做"成长值"，不同的成长值对应不同的会员等级（注册会员、铜牌会员、银牌会员、金牌会员、钻石会员）。

图11-1　淘宝会员等级

这两家电商的会员成长体系采用的是两种不同的模型：RFM 模型和用户行为增长模型，也是目前应用最广泛的两类模型。会员成长值是根据不同的成长策略进行量化赋分。电商中主要对用户的登录、购物、评价、晒单等行为进行评估，来计算会员的成长值。

1．RFM 模型

RFM 模型是客户消费行为特征分析模型，RFM 代表 Recency（最近一次消费时间），Frequency（某一个时间范围内的消费频次），Monetary（某一个时间范围内的平均客单价或累计交易额）。RFM 模型是衡量用户价值的重要工具和手段，是对会员价值进行多维度动态指标的综合加权计算。

RFM模型在衡量用户价值时，没有固定的计算方法，企业要根据平台的实际定位，对 R、F、M 这三个指标进行维度划分，对每个指标进行层次划分，并且给每个层次进行评分，这样 R、F、M 的值就分别评估出来，从而对其进行聚类定性描述。另外，根据 RFM 模型，可以实现对用户消费特性进行群体细分。

如表11-1 所示，将这三个指标划分成5 档，可以形成多种组合（5×5×5 个组合）。

表11-1　RFM模型指标计算示例

R(消费间隔)	对应成长值	F(消费频次)	对应成长值	M(消费金额)	对应成长值
7天以内	50	10次以上	50	1000元以上	50
30天以内	30	5次以上	20	500元以上	30
180天以内	10	2次以上	10	100元以上	20
360天以内	-5	1次	5	100元以内	10
360天以上	-10	0次	-10	0元	-20

在固定周期里，统计用户的 R、F、M 的值，计算对应的成长值，累加至现有的成长值上。当用户的消费特征下降后，成长值有可能为负数，所以用户的成长值会增加也会减少，对应的用户等级也会增加或降级。

上面只是举例说明，真实的成长值计算比这要复杂，还要加各种权重。比如将用户的活跃行为（登录、评价、晒单等）纳入到成长值计算体系中，在固定周期内统计用户活跃成长值，与RFM模型成长值求和得到周期内的成长值变动。

RFM模型还可以协助实现客户生命周期分析，例如F值突然下降幅度很大，就需要执行用户唤醒策略。通过对R、F、M值结合业务分析，可以分析客户消费特征，针对不同用户进行区别营销。

2. 用户行为增长模型

用户行为增长模型是指根据用户在平台上的行为，进行成长值量化，突出用户单次行为的贡献度，成长值是会员行为的单向累计的统计。在电商网站中，一般对用户的登录、购物、评价、晒单等行为进行成长值评估。

以京东为例，其成长值增长策略如下。

（1）登录：除注册会员外，用户每日第一次手动登录后可获得成长值奖励。

（2）购物：订单完成后用户获得成长值（购物成长值＝结算金额 × 加速系数）。

（3）评价：用户评价20元以上商品（虚拟商品除外），审核成功获得20个成长值。

（4）晒单：前10名晒单20元以上商品（虚拟商品除外）的用户，审核成功后获得20个成长值。

当然还有一些成长值回退策略，比如退货、评论被删等行为会使用户的相应成长值扣减回退。

通过用户行为增长模型来评价用户的成长值，在用户进入平台初期有很大的激励作用，但是后期乏力。当用户成长值较高、用户等级较高时，就很难再激励用户为了成长值持续购物。而RFM模型作为一个动态评估模型，当用户消费倾向下降时，成长值就会停滞不前甚至下降，能持续激励用户去消费。例如某用户已经成为了超级会员，但是半年没消费开始掉级，变成了普通会员，这样的降级动作就有可能重新唤醒用户。

在设计会员等级与成长值的对应管理时，首先就要想清楚会员等级和会员权益的对应关系。在数据的基础上划分会员等级，保证最高等级到最低等级的会员分布比例，而不能随性定级。

【积分体系】

　　积分体系是很多线上线下商家都会采用的用户消费激励体系。积分可以正向累加，对用户的某些行为（如交易行为、互动行为等）产生与价值相匹配的积分；也可以被客户进行主动消耗抵用。目前主流的三种积分消费方式有：订单结算抵扣、积分商城购买商品、用户权益置换等，这样积分的生成和消耗就形成完整的闭环。

　　获取积分也是通过签到、购物、评价、晒单、分享、充值等行为，例如购物送积分，用户每消费 X 元，平台送用户 Y 积分，或者用户一次性消费 X 元，额外送 Y 积分。还可以根据商品、会员等级、营销活动等不同的条件界定返回积分的区别。京东的京豆、淘宝的淘金币、信用卡积分等都属于积分的一种形态。

　　积分和用户成长值有所相同，也有所不同。成长值增加时，积分并不一定会增加。会员成长值和会员等级相挂钩，而积分和会员等级并没有直接关系，而且积分是可以用来消费的。

【会员体系分层】

　　当电商平台上有店铺时，会员体系就变得立体。如图 11-2 所示，用户（VIP1 ~ VIP7）属于平台的会员；同时用户在平台上的店铺发生过消费，又属于店铺的会员；甚至有会员属于不同店铺的会员，如 VIP2 既是店铺 1 的会员，同时也是店铺 2 的会员。

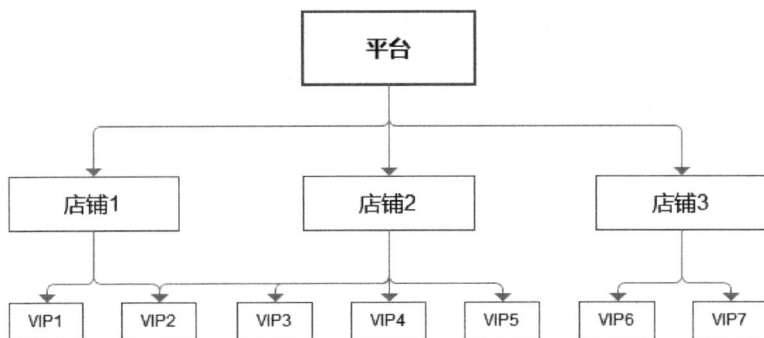

图11-2　会员体系分层

这就需要两套相互独立但是数据共用的会员体系来实现，搭建多层级多归属的会员体系。由于实际业务的复杂性，我们会遇到平台自营商品、线下服务门店、平台商户店铺、不同渠道的客户、B 端与 C 端用户等各种粒度的主体与会员，相应的会员策略也有所不同。这就需要多层级多归属的会员体系来解决实际的业务需求。

会员系统是运营工作的载体，通过会员等级特权及积分激励的手段来达到促进用户购物、提高用户黏性的目的。据笔者观察，目前电商中的会员体系在实际使用中并没有很好的效果，相比于许多线下实体商业（如酒店、银行信用卡、连锁超市等）的会员体系的效果就差得多。很多平台的会员等级就是一个裸露的名头，没有对应的会员权益去支撑，或者根本看不出有很大的区别，毫无吸引力。

会员系统有很大扩展性，可以给用户加会员标签、进行人群画像分组、执行不同的营销策略，还可以把线上店铺、线下门店纳入到会员管理体系（CRM）中，提供给销售业务人员进行客户开发、客户跟踪。

11.2　调度中心

前文很多处都提到调度中心，那么调度中心到底是怎样一个存在呢？

调度中心在整个电商系统中起到的是承上启下的中介作用，类似一个中央处理器。举个简单例子，系统将用户买了哪些商品、收货地址告诉调度中心，调度中心就会输出结果：从哪些仓库发货，用什么物流发货，多长时间能到。调度中心主要有管理仓库、选择发货仓、更新库存这三点核心功能。

【管理仓库】

稍微大一些的电商企业都会有多个仓库，甚至上百个仓库。而仓库管理系统又是一个相对独立的系统，调度中心在中间就起到统筹调度所有仓库的作用。在调度中心中，需要维护仓库信息及仓库对应的物流公司信息。

仓库信息主要包括仓库名称、地址、联系信息、仓库类型以及配送区域。仓库类型主要有自营中心仓、自营区域仓、供应商协同仓等，仓库类型决定了仓库等级，在选择仓库时，是从优先级高的仓库轮询到优先级低的仓库。配送区域是指仓库的配送区域，有些仓库的发货区域有限制，不会全国覆盖，例如供应商协同仓可能只负责某个城市的配送，不支持跨区。

另外，在选择仓库时也有区域优先级，每个仓库会区分一级配送区域、二级配送区域、三级配送区域，主要通过距离（即物流时效）来确定，例如广州中心仓的一级配送区域是广东，二级配送区域是广西、福建、湖南，三级配送区域是其他地方，或者仅有一级、二级区域，其他地区不送。在用户下单时，优先从区域优先级高的仓库配送。

物流公司信息是指仓库使用的物流公司，相关信息主要维护在物流中心。详细内容见第 7 章"物流管理"。

维护的仓库信息除了日常的仓库信息管理，主要是为调度中心进行调度时提供基础资料。

【选择发货仓】

选择发货仓的核心在于维护调度规则。维护调度规则是指维护发货仓库的选择规则，实际就是调度库存的过程，主要的考虑因素有仓库等级、物流时效、业务需求等。具体的规则在调度中心中进行维护，没有固定的规则，主要视业务发展阶段和战略需求而定。详细的调度规则举例在第 6.3 节的"库存调度逻辑"以及第 7.3 节的"后端物流管理"中有相关论述。

根据设定的调度规则在下单时进行预调度，预估发货仓库与到货时间。下单后，在调度层选择发货仓库，扣减调度层库存，进行拆单，下发发货单给仓库，若是供应商订单则传给供应商。为发货单选择最优的物流公司，若是跨境电商的保税仓订单，还需要锁定物流单号。

【更新库存】

在第 6 章"库存管理"中讲过调度层库存，有关调度层的库存变动都是通过调度中心来完成的。

（1）下单后调度层拆发货单，锁定库存，将发货单下发给对应的仓库和供应商，及时更新库存。

（2）退货时，将退货入库单下发给仓库，入库后更新库存。

（3）盘盈盘亏后，更新库存。

（4）采购时，将采购入库单发送给仓库，更新在途库存，到货后更新库存。

（5）采购系统调拨仓库间的商品库存，调度中心将调拨出库单下发给出库仓库，将调拨入库单下发给入库仓库。

调度中心是一个与库存中心、订单中心、采购系统、WMS 系统、物流中心等都联系非常紧密的中间层系统，串起了各系统之间的信息交互。在实际业务中，调度中心的规则可能更加繁杂。

11.3 支付系统

支付系统是指管理支付数据，调用第三方支付平台接口，记录支付信息（对应订单号、支付金额等），支付对账，提供支付服务和资金清算的系统。由于大部分电商企业没有支付牌照，自建支付产品的可能性较小，所以此处的讨论范围仅限于接入支付服务的范畴。

【支付方式】

在电商平台中，提供多种支付方式，如微信支付、支付宝、百度钱包、信用卡、储蓄卡、Apple Pay 等，主要分为三类支付渠道：第三方平台支付、快捷支付、网银

支付。通常在订单结算页，用户可选择支付
方式，如图 11-3 所示。

1. 第三方平台支付

这种支付方式在电商平台中应用范围最
为广泛，如支付宝、微信支付等都是第三方
支付平台。使用时，需要用户已经注册并登
录到第三方支付平台，并且账户有余额或者
绑定银行卡，电商平台调用第三方支付平台
接口完成支付。这些年支付宝、微信支付已
经成为了电商的主要支付方式。

2. 网银支付

网银支付是指用户在支付的时候，需要
跳转到银行网银页面来完成支付。在网银支

图11-3　收银台界面（来自大众点评）

付页面，需要输入用户的卡号和身份信息。这种支付方式要求用户开通网银，并且
跳转出站外，中断当前流程。目前主要在 PC 端用，通过直接对接银行或者银联平台
来实现。

银联可提供大部分银行卡（储蓄卡、信用卡）的网银支付和快捷支付服务，能
够帮助避免一家家银行对接的麻烦。

3. 快捷支付

用户绑定银行卡并开通后，电商平台不留存卡号信息，仅留存 Token 标识符，
后续支付时通过 Token 标识符、短信验证码等完成支付，安全性更高。对于小额度
的支付，甚至可以开通小额免密，直接完成支付。这种方式安全快捷。快捷支付产
品是通过对接银行或者银联提供的快捷支付接口来实现的。绑定快捷支付就涉及签
约、解约、支付等环节。

与其他支付渠道不同的是，快捷支付需要绑定用户交易账号，绑定用户 ID，记
录支付密码（平台）、确认是否允许免密支付、用于支付的手机号等信息。在用户
支付时直接调用 Token，简化付款流程。

用户支付时资金从其账户中流出，那流入哪里呢？这就需要电商平台在对接平台开设收款账户，如常见支付宝商家中心、微信支付商户平台、中国银联商家中心等。若用户通过支付宝支付，那资金就流入电商企业的支付宝商户账号中。电商平台通过支付渠道来完成收款、退款、对账等流程。

对电商平台来说，所有资金并没有经过电商系统，而是在用户资金账户到平台渠道账户中的流动，并且渠道还要收取费用。

【交易记录】

支付中心会记录下交易记录，其与订单记录不同，主要包含支付信息。

主要包含的信息有交易流水号（一般由第三方平台生成）、创建时间、完成时间、关联的订单编号、订单标题、支付场景、费用信息（订单总金额、优惠金额、实际费用）、订单描述。此外，支付信息还包含以下内容。

（1）交易渠道信息：记录所使用的交易渠道（支付宝、微信），渠道账户，渠道执行支付的时间、渠道侧返回的订单号等。如果有错误发生，还需要记录从渠道接收到的错误信息和错误码。

（2）支付用户信息：包括用户类型、用户账号、渠道账号信息。

（3）支付状态：包括未支付、已支付、已退款、部分退款、已取消等。

如果有特殊的支付方式，如分期、货到付款，还会更加复杂。

【对账】

对电商系统来说，对账就是保证每一笔交易在电商平台、支付平台都要能对上。在发现有差异的记录之后，通过人工或者自动的方式，解决这些差异以平账。交易中会存在支付、退款、部分退款存在，所以在对账时需要非常仔细。

为方便快速查账，不同渠道都支持商户通过接口获取商户离线账单下载。电商平台通过向第三方平台请求日订单或月订单，下载账单与平台系统中的交易明细进行对比完成对账。因为可能存在同一订单 2 次支付成功的问题，所以需要多字段匹配，比如订单号、时间、金额等，完全一致才认为是同一条。

异常情况主要出现在正向支付和逆向退款上。

（1）支付时会出现：电商平台显示已支付，在支付平台未成功支付；电商平台显示未支付，在支付平台已成功支付；电商平台与支付平台支付金额不一致。

（2）退款时会出现：电商平台显示已退款，在支付平台未成功退款；电商平台显示未退款成功，在支付平台已退款；电商平台与支付平台退款金额不一致。

对账要求的是准确，难点在于对异常情况的处理。

对中小电商平台来说，支付系统用来记录支付详情、提供支付方式，主要与第三方渠道进行对接，很少出现联合支付、分期付款等复杂的交易形式，总体上并不复杂。如果是跨境电商平台，就需要对接国际支付平台（如国际支付宝平台），不过由于跨境支付手续费较高，遇到纯国内订单时，仍调用国内支付渠道。

11.4 权限系统

电商后台是个庞大的系统集合，有着诸多的模块和功能。除了 WMS 系统需要独立管理以外，为了方便操作，其他系统一般会聚合在同一后台操作界面中，应用统一的账号体系。权限管理是做后台管理系统绕不开的部分，权限系统保证系统分工，不同部门、不同岗位的员工合理使用管理后台。在用户访问系统时，系统按照权限系统的设置来控制用户的访问功能和数据。

【权限体系】

权限可以分为功能权限和数据权限两类，每种权限基本可设置为不可读、可读、可编辑等三种状态。

（1）功能权限：指某个功能的权限，如一个模块是否可用、子菜单是否可见、一个按钮是否可点击等。例如客服人员没有商品上下架的权限，运营人员可以查看订单，但是无法编辑订单。

（2）数据权限：指某些数据的权限，如某个字段是否可见、同一类数据的某些值是否可见等。例如在查看订单时，华东区的运营人员只能看到华东区的订单数据，看不到华北、华南等地区的订单数据。

在权限系统中，权限是通过角色与用户账号发生关联的。如图 11-4 所示，给每个角色赋予功能权限、数据权限，有时会给角色分组，挂在部门下面。在新增用户账号时，给用户分配角色。每个用户既可以分配一个角色，也可以分配多个角色。根据用户的角色，就能获得用户的系统权限。在权限模型中，构建了"用户—角色—权限"的授权模型。

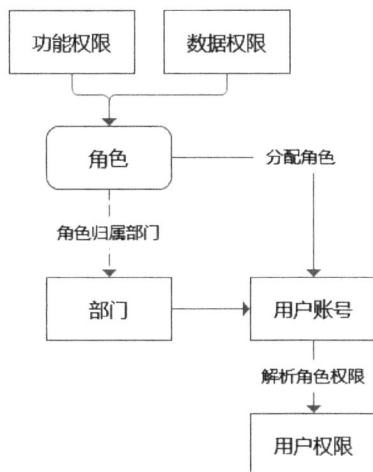

图11-4　权限体系

【角色管理】

系统设计不可能根据不同用户单独去配置功能权限，如果后期增添功能，就需要再分别对不同用户配置不同的功能权限。这样操作会给批量操作带来很多麻烦，无法做到灵活配置，要解决这个问题，就需要通过角色这个介质来实现。

角色是什么？角色是一定数量操作权限和数据权限的权限集合。简单讲，角色是权限的载体。在控制用户操作功能权限的时候，可以通过授予不同角色不同的功能权限，然后通过对不同类型用户授予不同的用户角色，就控制了不同用户之间的不同功能操作权限，形成一个功能权限体系的完整闭环。

在设置角色权限时，根据系统的菜单功能生成权限树。如图 11-5 所示，勾选相应的功能选项，相应的角色就有类似的权限。

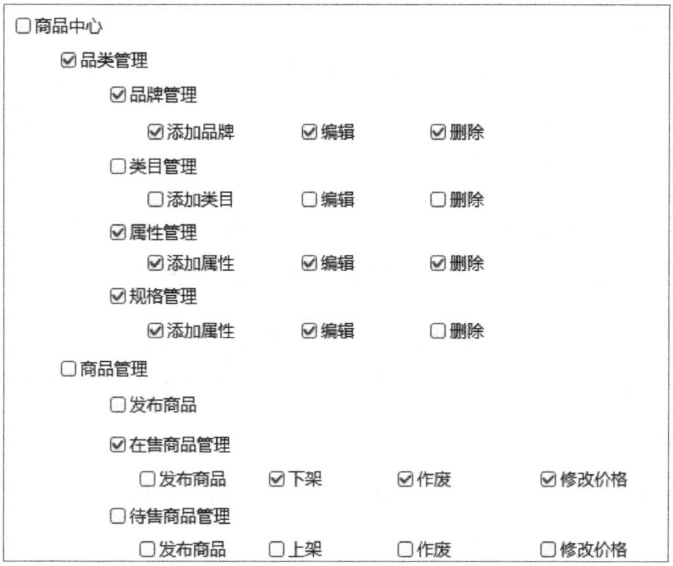

图11-5　角色权限设置

怎么做到权限列表与实际功能一一对应？就需要在开发系统页面时，将统一的权限接口嵌入到页面中。

系统在初始化时会赋予某些用户管理员角色，管理员有着系统所有模块的功能操作权限。管理员通过创建不同的用户角色，给不同角色授予不同功能权限。想批量修改用户权限时，只需要修改角色权限就行。

有时当后台功能复杂、部门岗位较多时，由于每个人分工不同，就需要分配不同的权限，角色数量就会增加。为了方便管理，会对角色进行分组。角色分组一般是与部门进行绑定。例如运营部下有活动运营、商品管理、专场运营、类目运营等角色，其他部门都不能使用这些角色。

【账号管理】

1. 部门管理

按照企业的组织架构新建部门，主要是为了对员工进行聚类。有时会为部门分配默认的角色。当员工成为部门员工后，自动有默认角色的权限。

2. 员工管理

在管理用户账户时，除了用户的基本信息（用户名、姓名、职务、手机号、邮箱等），设置密码或由用户通过邮箱激活来设置密码，另外，还要赋予用户角色（多角色也可以）、允许账号的作废和删除。

为了科学地管理员工账户，有时会与企业的 OA 系统打通，当员工入职进入 HR 系统时，自动为其分配账号，员工离职后，其账号自动停用作废。

对于用户权限，还有一些特殊场景。例如，已有的角色无法满足当前用户的需求，单独为某个功能新建一个角色也不太合理，就需要给这个用户单独补充赋予角色之外的权限，这是一类特殊的需求。

权限系统和账号体系密不可分，通过"用户—角色—权限"三者关系的管理来控制用户的电商后台权限。

第 12 章

跨境电商的不同点

跨境电商是指分属不同关境的交易主体，通过电子商务平台达成交易、进行支付结算，并通过跨境物流送达商品、完成交易的一种国际商业活动。跨境电商打破了地域与国界的限制，通过互联网连接商家和消费者。目前，美国、日本、韩国、英国是中国跨境电商的主要市场，近来国内亦有许多公司在东南亚地区发力。国际上的跨境电商代表有 Amazon、乐天、Ebay，国内出名的跨境电商平台有天猫国际、网易考拉、京东全球购。

驱动消费者进行跨境网购的主要因素是海淘商品的品质保证、价格优势以及国内跨境电商网站的兴起，用户海淘门槛逐步较低。跨境电商直面消费者，大幅度降低消费者的购买成本。快速高效的物流体系可以使货品在 1 ~ 2 周内就可以到达消费者手中。随着政策的逐步完善，跨境电商试点城市逐步增加，电商可凭交易记录和出口物流凭证即可结汇、快速清关等政策，都支撑着跨境电商的快速发展。

跨境电商的产品模式大部分与国内电商相同，由于跨境贸易政策要求，不同点主要在于订单支付、物流方案、通关报关等三方面。

12.1 跨境电商概述

【跨境电商的形式】

跨境电商按照货物流向分为出口跨境电商和进口跨境电商，本文论及的范围主要是进口跨境电商。

和一般电商贸易一样，按照商业主体的不同，也分为 B2B、B2C、C2C 这几种形式。天猫国际、网易考拉等都是 B2C 贸易平台，主要模式有三种：保税仓备货、海外直邮、一般贸易等。

1. 保税仓备货

在国家政策支持下设立跨境电子商务贸易试验区，支持保税进口模式。保税仓指的是存放未交关税的仓库，如同境外仓库。当用户购买付款后，向海关申报，海关放行之后，直接从保税仓发货，再收取关税。

　　保税仓对于跨境电商企业的优势在于提高通关速度、减少资金占用、降低贸易成本，还可以随时转口，方便快捷。可以享受一定的便捷和免税政策。保税仓的商品配送流程如图 12-1 所示。

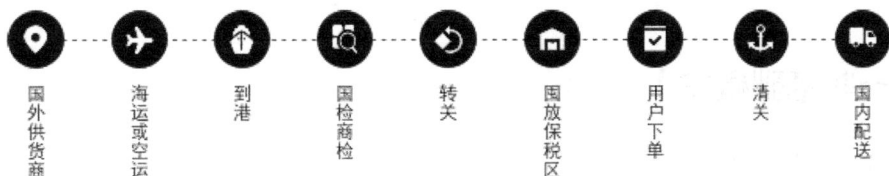

图12-1　保税仓跨境电商流程

2. 海外直邮

　　海外直邮指的是将商品直接从海外邮寄到用户手中。直邮模式不用压货，由海外供应商直接发货，许多海外品牌商和零售商都在试水跨境进口电商。例如天猫国际上的许多品牌店。受四八新政影响以及扩充品类的需求，许多跨境电商企业都建有海外仓，或是直接从海外供应商发货。海外直邮的商品需要通过两个国家的海关，再加上运输时间，一般需要 2 ～ 4 周用户才能收到商品。海外直邮的商品配送流程如图 12-2 所示。

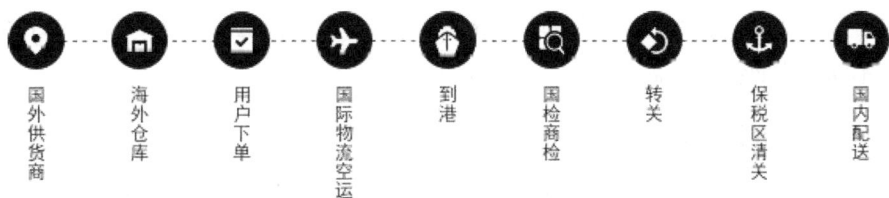

图12-2　海外直邮电商流程

　　海外直邮有两种方式，一种是个人物品直邮入境，不受通关单的限制，由快递公司正常报关、商检（抽查形式），许多时候可以合理避税。另一种方式是正常的报关清关，完税价格超过 2000 元限值的商品订单先在海外集货，然后按照一般贸易方式清关，全额缴税。低于 2000 元限值的商品类似保税仓商品清关流程，三单与清单对碰。现在提倡"阳光海淘"，从长远发展考虑，电商企业还是走正常的清关流程比较合理。

3. 一般贸易

一般贸易指的是先将跨境商品进口至国内，以完税价格出售。这种模式增加供应链成本的压力，进口程序复杂、周期长，而且完税价格优势较低。优势在于能够快速发货，不需要用户的身份证信息。一般贸易的完税商品和国内一般商品的购物流程无差别。

【一些基础概念】

1. 税费

海淘和国内专柜商品比，最大的优势就在税的差价。

（1）海外直邮：对于转运物流公司而言，通关能力（避税能力）是第一要素，几乎所有的转运公司都是以个人邮寄物品形式报关。其中有抽查的概率问题，没抽到就不用交税。

（2）保税仓：目前政策规定跨境电子商务零售进口商品的单次交易限值为人民币 2000 元，个人年度交易限值为人民币 20000 元。

保税仓的税费组成包括三部分：进口环节增值税、消费税、关税。关税暂设为 0%，进口环节增值税、消费税取消免征税额暂按法定应纳税额的 70% 征收。其中消费税一般为 0，只有少数奢侈品收取消费税；进口环节增值税一般为 17%，少数品类有所不同，比如农副产品。

根据现行政策：

跨境电商综合税率＝（消费税率＋增值税率）/（1- 消费税率）×0.7（因政策改变可能会发生变化）

最常见的综合税率是 11.9%（17%×0.7）。例如从某平台上购买 800 元的奶粉，则税费 =800×11.9%=95.2 元。此税费为收取用户的税费。

正是保税仓的税费政策优惠，造就了跨境电商产业的繁荣。

2. 备案价

备案价其实涉及向海关报关的一种策略，也可以说是一个保险价格。一般情况下，报关时需要拿订单向海关报关，如果商品价格变动幅度过大，有可能被怀疑偷税漏税，所以一般保税仓物品不要参加优惠幅度较大的活动。另一种方案是，设置一个备案价，将订单中商品价格与备案价对比，变动幅度过大时，按照备案价去申报。

例如：A 商品原价 50 元，参加双十一秒杀活动价 9.9 元，从保税仓出库。由于商品实付金额区别太大，税费差距较为明显，算来同一商品你交税少了很多，可能被海关质疑：你是不是偷税漏税了？所以这时候就需要用备案价去申报。

3．四单数据的统一

买家下单后，跨境电商企业向海关办理通关手续，与进口清单核对"三单"（订单、运单、支付单）。海关查验通过后，反馈清关结果。后文中会专门讲解通关流程。

（1）支付单：订单对应的支付单，由支付公司推送给跨境通关服务平台。需要专门的跨境交易的国内卖家建立的资金账户管理平台，例如微信国际支付和支付宝国际支付。支付单中的信息主要包括：支付企业信息、交易信息（支付流水、订单编号等）、电商平台信息、支付人信息等。

（2）运单：出库的物流信息，由物流企业推送给跨境通关服务平台。运单中的信息主要包括：物流企业信息、运输信息（物流单号、运费、收货信息）、主要货物信息等。下单后即时从物流公司获取单号，出库的物流单号也是用这个物流单号。需要系统和物流公司对接。

（3）订单：保税仓订单的信息，由电商平台推送给跨境通关服务平台。订单信息主要包括：电商平台信息、顾客信息（身份证信息）、收货信息、商品信息（价格、数量、HS 编码、产品国检备案编号等）、支付信息（实付金额、优惠金额等）等。其中身份证要保证和收货人姓名一致，未超过海淘限额（单次交易限值为人民币 2000 元，个人年度交易限值为人民币 20000 元）。

（4）进口清单：又称为个人物品申报单，包含订单、商品、支付、物流的相关信息。"三单"主要和进口清单进行数据对碰。

查询跨境电子商务年度个人额度网址：http://ceb2pub.chinaport.gov.cn

12.2 跨境订单流程

海淘订单一般从保税仓或海外仓发货。海外直邮有两种方式，一种是个人物品直邮入境，随机抽检产生关税，涉及到的线上订单流程较少。另一种是正常清关，低于 2000 元限值的订单类似于保税仓商品清关流程；超过 2000 元限值的商品订单先在海外集货，然后按照一般贸易方式清关。

这里重点说一下保税仓订单的整体通关流程，如图 12-3 所示。

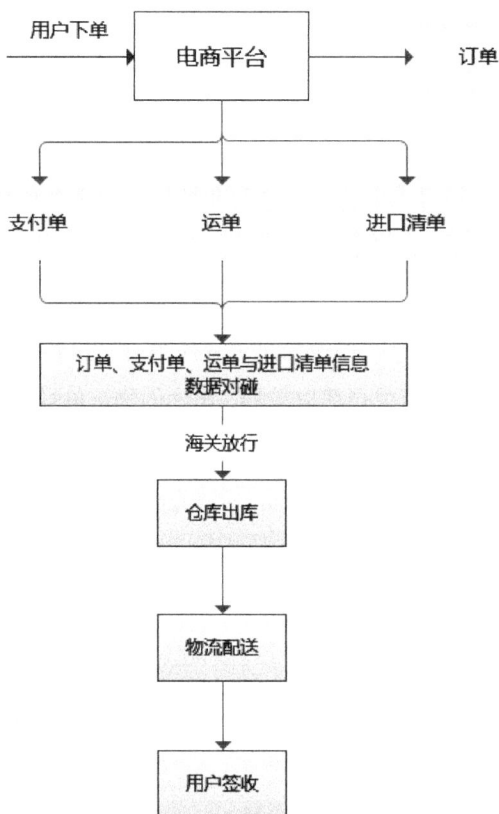

图12-3　保税仓订单流程

（1）当买家下单付款后，电商企业会产生订单数据，支付公司会产生支付数据。同时，仓储、物流企业根据电商企业传输过来的数据，产生运单数据。此为"三单"（订单、支付单、运单）。另外，清关公司（一般委托第三方）收到数据，产生进口清单。

（2）三单与进口清单数据传输给跨境通关服务平台后，服务平台再将数据传输到管理平台（即海关内网）。"三单"与进口清单信息数据对碰，数据通过，完成清关。一部分订单会被海关抽出进行现场查验，比对数据、实物等各项信息，这部分相当之少。

（3）清关完成之后，清关公司反馈清关结果，清关通过的订单开始拣货出库，出库后交接给物流公司发货，最后用户签收包裹。

需要注意的有以下三点。

（1）保税仓的拆单要在下单时支付前完成。由于报关时需要的一系列详细订单信息，下单时就做好订单拆分是最优解。

（2）订单出库流程要在清关通过之后进行。在海关审核时，会由于各种原因造成清关不通过（海关退单、退运等），这时候需要人工介入。最常见的退回原因是身份证校验不通过，这时候需要客服联系用户提供正确身份证信息。

（3）合并支付后的支付单问题。很多产品朋友不理解合并支付后，怎么用不同的支付单号给子订单报关？

支付单是由支付公司推送的，报关用的支付流水号并不是支付公司给的交易流水号，电商平台告诉支付公司这笔交易是否拆单，每个子订单的金额是多少，支付公司再去生成支付流水号(支付公司自定义)，与子订单号一起推送给通关服务平台。例如子订单 A（保税仓订单，金额 200）、子订单 B（保税仓订单，金额 180）、子订单 C（一般贸易订单，金额 120）合并支付，支付金额 500 元，支付单号 20170501468004600020003。电商企业告知物流公司相关信息，那支付公司报关时就是可能是：订单编号 A+ 支付单号（201705014680046000200031）、订单编号 B+ 支付单号（201705014680046000200032）、订单编号 C+ 支付单号（201705014680046000200033）。

12.3 清关备案

了解跨境保税仓订单流程之后，我们来具体看看实际清关过程中的详细业务流程。如图 12-4 所示。

前面介绍过订单、支付单、运单、进口清单的概念，我们知道电商产生订单，支付公司产生支付单，物流公司产生物流单，清关公司产生进口清单。

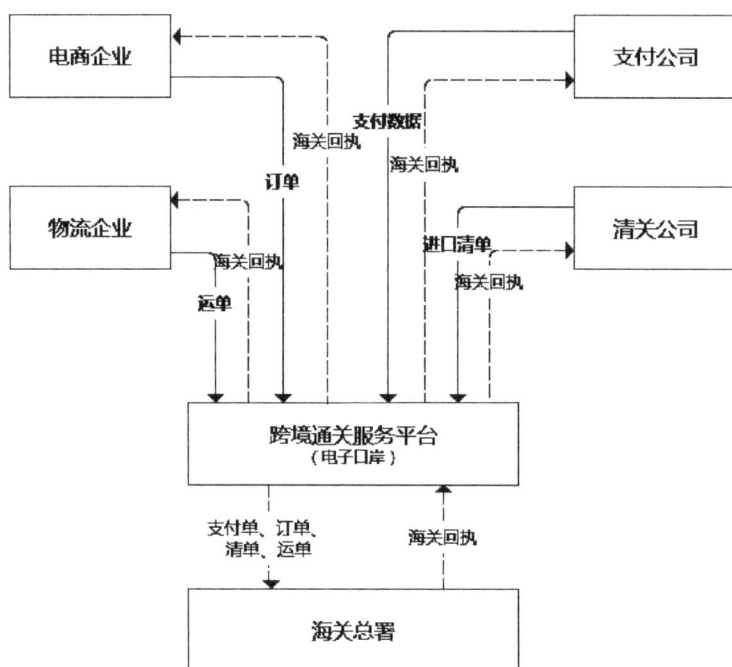

图12-4 清关流程

以杭州的电子口岸要求为例，在报关时要求从支付单，到订单，到进口清单，到运单的推送顺序。

具体流程如下。

（1）当用户下单购买保税仓商品之后，等待一段时间之后（平台根据业务需求设置），开始进入清关流程。电商企业传输"支付单"请求数据给支付公司，支付公司根据相关请求推送"支付单"数据给跨境通关服务平台，跨境通关服务平台推送给海关总署，海关反馈结果回执给服务平台，服务平台再反馈给支付公司"支付单"的推送结果。

（2）当电商企业去支付公司中查询到支付单"发送海关成功"，然后电商企业按数据要求推送订单给跨境通关服务平台。跨境通关服务平台推送给海关总署，海关反馈结果回执给服务平台，服务平台再反馈给电商企业"订单"的推送结果。

（3）当"订单"推送成功，电商企业传输"进口清单"请求数据给清关公司，清关公司根据相关请求推送"进口清单"数据给跨境通关服务平台，跨境通关服务平台推送给海关总署，海关反馈结果回执给服务平台，服务平台再反馈给清关公司"进口清单"的推送结果。

（4）当"进口清单"推送成功，电商企业传输"运单"请求数据给物流企业，物流企业根据相关请求推送"运单"数据给跨境通关服务平台，跨境通关服务平台推送给海关总署，海关反馈结果回执给服务平台，服务平台再反馈给物流企业"运单"的推送结果。

（5）当订单、支付单、运单、进口清单都成功推送至海关之后，将订单、支付单、运单与进口清单进行"数据对碰"及其他相关校验，将结果回执给到跨境通关服务平台，再反馈给电商企业清关结果。

（6）当查询到清关通过之后，就可以准备订单出库相关事宜。

在清关的过程中主要注意以下几点。

（1）海关计税是以清关单申报的价格计税，订单申报价格与清关单申报价格需要一致才能通关，支付单的价格可以与清单及订单的价格不同，但是不允许大于清关单的价格。

（2）由于区域规定不同，有些地区是直接与海关总署对接，有些地区是与地方的跨境通关服务平台（电子口岸）对接。

（3）"四单"数据要保持一致。

【商品备案】

在报关时需要商品的备案价、产品国检备案编号、HS 编码等信息。保税仓所卖的商品都需要在国检（出入境检验检疫机构）进行备案，才能进保税仓，才能出保税区。电商企业在做保税仓业务时，要提前对商品进行备案，主要信息有平台信息、行邮税号、商品 SKU 信息、许可证号等。当国检审批通过之后才能正式售卖。这些信息也存储在商品中心的商品信息中。

当订单清关通过之后，会形成一份税单。每个月海关为电商企业形成一份大税单，与电商企业结算，海关会从保证金中扣除。

目前大部分跨境电商平台为增强消费者购物体验，采用保税仓发货或"海外直邮＋包税"模式。随着政策的电子化流程完善，保税仓模式在海关、国检等监管部门的监管下实现快速通关，几天内配送到消费者手中，这种模式适合纸尿裤、奶粉等产品类别单一、走量巨大的大众快消品，企业可提前大量备货，节省仓储运输费用，消费者收到商品的时间也最短。海外建仓采用的"海外直邮＋包税"的模式，直接从海外发货，品质有所保证，避免大量囤货。虽然有抽中被税的风险，但是一般平台会提供关税补贴，尽量减少用户的损失。伴随着消费升级，国内消费者开始追求更有品质的生活，由于市场体量够大，跨境电商领域蕴藏着巨大的商机。

后记

　　当全书完稿的时候，我的内心还是有些惶恐。在最初规划的时候，我挑选了一些电商后台产品体系中较为核心的系统单独讲解，尽量在全面与详细之间找到一个平衡点，但还是无法面面俱到。

　　电商后台产品非常复杂，特殊的行业还有特殊规则，随着公司业务的拓展，产品线会越来越多。越小的互联网公司，产品经理在做需求的时候涉及对接的系统较少。同样的需求，公司越大，会涉及和越多系统产品进行对接，这就要求产品经理能够梳理清楚各系统之间的关系，甚至能够将系统拆分成多个子系统。看完本书，应该对电商支撑系统有个整体认知。

　　授人以鱼不如授人以渔，全书都是在阐述产品逻辑，很少直接上产品原型，我觉得原型可能会禁锢思维，并且在不同的前端框架下页面风格也会不同。后台产品比较注重的是产品逻辑。我希望通过本书能够带给读者系统化思维，在产品思考过程中能从系统整体的角度去思考各功能模块的意义。

做电商以来，一直有个疑问。电商企业的后台系统同质化严重，比如订单、商品、库存等，而电商公司都喜欢从 0 开发，甚至直到倒闭还在做从 0 到 1 的开发工作，绝大部分产品经理和开发人员都是在做重复劳动，浪费了极大的人力物力。有没有可能将这些模块做成类似水、电一样的基础开源模块，流程标准化，解放这些开发资源去做更有意义的事情？

新零售时代已至，商业将重新回归线下实体商业本质。新零售必定会朝着自动化和智能化的方向发展。任何场景下，交易都可能实现，不受空间的制约。与 AI（人工智能）、VR（虚拟现实）、大数据等软硬件新技术的结合来推动商业的繁荣，现在就可以畅想各种未来的商业场景。比如 AI 助手根据用户大数据分析的生活习惯帮你规划日常采购计划，自动下单，自动签收；还有亚马逊的无人零售商店（Amazon Go），集成了大量传感器，利用视觉识别、无人收银等技术完成零售全过程，而不需要人参与；还有在购买衣服时，不用去店里，在家里就可以利用 VR 技术做到快速试衣服，模拟真实的感觉，提升购物体验。

用户体验的提升和操作的简化都意味着后台管理系统将更复杂，自动化程度更高。信息交互次数会更多，与硬件、AI 等高度结合，这都需要后台产品经理来参与，脑洞大开、梳理逻辑，与工程师们探讨可行性方案。未来后台产品经理们将有更大的发挥空间。

产品经理是一个知识体系迭代较快的岗位，这就要求产品要有很强的学习能力。做产品，要形成输入输出的良性循环，除了阅读不同类型的书籍，使用不同类型的产品，不断学习总结，还需要"输出"，向周边朋友或同行进行分享自己的产品经验，在批判中成长。

我也非常乐意和同行们交流，后续的产品思考也会在微信公众号"碎碎恋产品"上更新。如果读者朋友们对文中有任何疑问，欢迎留言交流。

反侵权盗版声明

电子工业出版社依法对本作品享有专有出版权。任何未经权利人书面许可，复制、销售或通过信息网络传播本作品的行为；歪曲、篡改、剽窃本作品的行为，均违反《中华人民共和国著作权法》，其行为人应承担相应的民事责任和行政责任，构成犯罪的，将被依法追究刑事责任。

为了维护市场秩序，保护权利人的合法权益，我社将依法查处和打击侵权盗版的单位和个人。欢迎社会各界人士积极举报侵权盗版行为，本社将奖励举报有功人员，并保证举报人的信息不被泄露。

举报电话：(010)88254396；(010)88258888

传　　真：(010)88254397

E－mail：dbqq@phei.com.cn

通信地址：北京市万寿路173信箱　电子工业出版社总编办公室

邮　　编：100036